Great American

NATIONAL PARKS & PUBLIC LANDS

Road Trip

PUZZLE BOOK

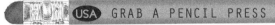

USA GRAB A PENCIL PRESS

CARLISLE, MASSACHUSETTS

Great American National Parks and Public Lands Road Trip Puzzle Book

Copyright ©2021 Applewood Books, Inc.

ISBN: 978-1-945187-53-7

The word search puzzles in this book were created with TheTeachersCorner.net Word Search Maker. The crossword puzzles in this book were created with CrosswordHobbyist.com Puzzle Maker.

Published by
GRAB A PENCIL PRESS
an imprint of Applewood Books
Carlisle, Massachusetts 01741

To request a free copy of our current catalog featuring our best-selling books, write to:
Applewood Books, Inc.
P.O. Box 27
Carlisle, Massachusetts 01741
www.grabapencilpress.com

10 9 8 7 6 5 4 3 2

Manufactured in the United States of America

CONTENTS

★ How to Use this Book ★

The puzzles in this book were designed to enhance a real road trip
or help armchair travelers hit the virtual road.

The order of the puzzles follows the starred stops on the maps in this book. The routes
are circular, so you can start anywhere along the routes and experience the journeys
from wherever you like. For some locations off the beaten path, you may need to park
and take your road trip to the sea, sky, or trails. As a bonus, we've included other
interesting general travel-related puzzles to entertain you between the stops.

Whether you are in your car or on your couch, you are sure to discover unique,
curious, and inspiring places through the puzzles in this book. If you find a word
or idea that is unfamiliar, you can google it and learn something new.

We had a fun time dreaming this up.
Hope you have a great journey!

Great American Public Lands Road Trip #1
The New England States

MAINE

NEW
HAMPSHIRE

VERMONT

MASSACHUSETTS

CONNECTICUT

RHODE ISLAND

Acadia National Park

```
A  U  T  G  L  S  O  E  R  Z  I  S  E  K  R
R  I  I  A  L  G  O  N  Q  U  I  A  N  D  U
G  P  S  B  F  Y  I  L  D  L  J  R  I  R  H
P  B  B  L  A  M  H  F  P  R  M  K  R  X  E
R  O  C  K  E  F  E  L  L  E  R  T  G  D  R
R  N  C  E  S  A  A  B  B  R  R  J  E  A  S
L  W  H  W  G  J  U  M  Q  C  O  M  R  O  C
Z  A  D  R  M  J  J  H  L  E  D  F  E  R  H
X  B  E  J  T  O  Z  T  A  Z  O  Z  P  P  O
L  A  S  O  M  E  S  S  O  U  N  D  C  O  O
U  N  C  A  D  I  L  L  A  C  T  X  S  O  D
A  A  C  D  E  A  G  L  E  L  A  K  E  L  I
R  K  A  G  O  F  H  G  W  Y  M  L  M  O  C
X  I  U  Z  S  K  H  J  G  U  O  R  E  Z  B
O  D  N  O  P  N  A  D  R  O  J  U  J  W  A
```

ALGONQUIAN	CADILLAC	DORR
EAGLE LAKE	ISLE AU HAUT	JORDAN POND
LOOP ROAD	PEREGRINE	ROCKEFELLER
SCHOODIC	SOMES SOUND	WABANAKI

Boston Harbor Islands National Recreation Area

True or false?

1. Boston Light is the oldest lighthouse in the country.

   ☐ *True*
   ☐ *False*

2. There are currently no national historic landmarks registered in the Boston Harbor Islands.

   ☐ *True*
   ☐ *False*

3. Fort Warren can be found on Georges Island.

   ☐ *True*
   ☐ *False*

4. The 54th Massachusetts Volunteer Infantry Regiment was a famous African American regiment that disembarked on Gallops Island.

   ☐ *True*
   ☐ *False*

5. The Boston Harbor Islands were not used as harbor defenses during the Civil War.

   ☐ *True*
   ☐ *False*

6. During King Philip's War, many native peoples such as the Nipmuc were imprisoned on Deer Island or displaced to praying towns.

   ☐ *True*
   ☐ *False*

7. From 1710 to 1756, Boston acted as the largest American Colonial port, with Long Wharf being a hub for maritime trade.

   ☐ *True*
   ☐ *False*

8. Visitors can see two lighthouses from Great Brewster Island.

   ☐ *True*
   ☐ *False*

9. There are 34 islands and peninsulas within the Boston Harbor Islands.

   ☐ *True*
   ☐ *False*

10. The sizes of the Boston Harbor Islands change every hour.

    ☐ *True*
    ☐ *False*

Cape Cod
National Seashore

```
J  G  A  P  C  H  A  T  H  A  M  K  R  J  R
W  F  V  V  T  M  A  H  T  S  A  E  N  U  P
X  W  A  L  N  O  M  Q  B  I  F  M  V  T  T
R  U  S  S  M  H  W  F  J  L  K  F  E  V  R
U  P  L  T  X  R  D  N  B  M  D  N  Y  O  M
M  V  A  S  R  E  T  S  I  S  E  E  R  H  T
P  L  E  G  T  H  G  I  L  T  E  S  U  A  N
Z  B  S  S  K  C  A  H  S  E  N  U  D  I  Z
E  S  N  E  R  R  A  B  E  N  I  P  H  S  C
M  A  R  C  O  N  I  B  E  A  C  H  K  Y  Q
X  M  T  A  H  P  M  A  P  W  P  R  G  H  I
T  N  I  O  P  E  C  A  R  A  A  Q  E  L  L
F  F  F  A  X  N  I  L  G  H  V  Q  H  C  J
M  W  D  I  I  P  R  K  S  Y  J  Y  I  F  P
V  F  C  L  V  C  H  A  M  P  L  A  I  N  I
```

CHAMPLAIN	CHATHAM	DUNE SHACKS
EASTHAM	MARCONI BEACH	NAUSET LIGHT
PINE BARRENS	P-TOWN	RACE POINT
SEALS	SHARKS	THREE SISTERS

Weir Farm
National Historic Site

```
Z  M  S  I  N  O  I  S  S  E  R  P  M  I  S
Q  Y  Z  G  S  P  P  S  I  B  M  N  O  Y  E
W  C  H  K  P  E  B  L  Y  O  E  U  W  C  M
O  G  R  E  A  T  G  O  O  D  P  L  A  C  E
O  I  D  U  T  S  J  P  R  V  E  H  A  A  T
D  I  K  C  T  S  L  A  C  M  Q  G  G  K  B
L  A  K  R  Y  E  G  A  H  F  J  J  X  J  V
A  P  X  O  I  T  G  K  L  W  F  L  L  N  L
N  X  M  N  E  C  P  A  S  T  O  R  A  L  E
D  D  A  R  Q  J  A  L  D  E  N  W  E  I  R
S  I  C  M  A  S  S  A  H  F  D  I  C  U  T
R  E  G  N  U  O  Y  I  R  N  O  H  A  M  F
S  G  R  B  O  Z  H  O  R  C  H  A  R  D  S
L  E  T  T  E  R  B  O  X  L  A  Y  R  B  Y
R  V  O  X  A  A  Z  V  H  X  X  U  L  V  C
```

GREAT GOOD PLACE	HASSAM	IMPRESSIONISM
J. ALDEN WEIR	LETTERBOX	MAHONRI YOUNG
ORCHARD	PASTORAL	PLEIN AIR
SECRET GARDEN	STUDIO	WOODLANDS

Green Mountain National Forest

```
Z H J J A R C H A E O L O G Y
K P I D Y G O X G A T E H C M
B V C S Q J U Q Q Z P X B U U
E X E Q H A X P L U G B D O K
S Z P E R K I N S B A R N S I
U L O X O O X C C P U R O X L
O D M D W C B X G A M J R Y L
H Q X C J H F E C G X W E Y I
L E S Z J K T R R H V T B C N
O M L L I K N E T T A B O X G
O O M A L A S O O M F U U W T
H F D W D O O G P A H R K K O
C N F R F G U E Q U I N O X N
S Z G I K A N E B A Q Y X S H
F B E S O O M M X P U F T X T
```

ABENAKI	ARCHAEOLOGY	BATTEN KILL
EQUINOX	HAPGOOD	KILLINGTON
MOOSALAMOO	MOOSE	PERKINS BARNS
QUARRY	ROBERT FROST	SCHOOLHOUSE

White Mountain National Forest

```
G  S  Y  Y  M  R  E  D  B  A  R  O  N  I  U
R  R  L  T  U  R  E  V  I  R  O  C  A  S  F
N  F  E  L  B  E  M  A  I  N  E  C  K  S  N
E  G  R  E  A  T  C  A  R  B  U  N  C  L  E
W  A  L  B  L  F  R  E  V  I  R  T  S  O  L
H  B  Q  R  A  E  A  I  Z  S  N  X  T  U  D
A  B  U  I  N  T  Y  S  G  X  T  E  B  T  L
M  P  A  C  Q  N  I  P  U  G  S  Z  I  T  U
P  L  B  K  I  O  S  H  O  H  Q  X  J  G  R
S  J  E  S  I  T  R  P  W  N  T  W  B  Z  D
H  A  N  T  A  W  E  O  F  Z  D  E  U  N  Q
I  G  A  O  D  Z  T  G  P  G  H  S  R  B  T
R  D  K  R  F  N  O  S  I  V  D  G  W  A  W
E  G  I  E  S  U  G  A  M  A  C  N  A  K  I
J  J  P  E  M  I  G  E  W  A  S  S  E  T  W
```

ABENAKI	ARETHUSA FALLS	BRICK STORE
GREAT CARBUNCLE	GREELEY PONDS	KANCAMAGUS
LOST RIVER	MAINE	NEW HAMPSHIRE
PEMIGEWASSET	RED BARON	SACO RIVER

America's Top Ten National Parks

Unscramble the words below to discover America's top ten most-visited national parks.

1. _____

RTEGA MSKOY MUSIANOTN

2. _____

GNADR NAYCNO

3. _____

OEYSIMET

4. _____

ELWYLONSOTE

5. _____

YOCKR NMIOAUTN

6. _____

CPIMYLO

7. _____

INOZ

8. _____

NGADR TNOTE

9. _____

CDAAIA

10. _____

CIGRELA

Great American Public Lands Road Trip #2
The Mid-Atlantic States

NEW YORK

PENNSYLVANIA

NEW
JERSEY

DELAWARE

D.C.

WEST
VIRGINIA

MARYLAND

VIRGINIA

Saratoga
National Historical Park

```
H N M V I C T O R Y W O O D S
K M W P E S C H U Y L E R R D
D E Z T N E M U N O M T O O B
E J X G V U A W N O S L I E N
N O I T U L O V E R R E M A Z
Y T C G Y H R I O E O J A L G
O S T H G I E H S I M E B C C
G W E A A T G D Z I Y M Y Y
R J P U X O B K A M X W F L A
U S L T O S T I L L W A T E R
B X T Q Z O A G X I E W Y H Q
Q R E D N E R R U S K U Z U R
Y E L L A V N O S D U H Z K Z
E J N O N N A C Y H P O R T T
V D L E I F E L T T A B E H Y
```

AMER. REVOLUTION	BATTLEFIELD	BEMIS HEIGHTS
BOOT MONUMENT	BURGOYNE	HUDSON VALLEY
NEILSON	SCHUYLER	STILLWATER
TROPHY CANNON	U.K. SURRENDER	VICTORY WOODS

Vanderbilt Mansion National Historic Site

```
C  I  P  W  G  E  O  C  A  C  H  E  S  I  P
M  T  Y  P  Y  X  I  J  C  Q  L  A  Y  C  C
T  A  H  N  B  D  F  Z  G  Y  M  S  C  Z  V
E  L  Y  I  E  J  F  W  R  U  K  H  A  N  Z
G  I  D  Y  A  V  T  O  E  J  P  P  R  C  O
A  A  E  U  U  R  O  L  E  I  J  G  C  L  P
D  N  P  A  X  D  B  N  C  D  Q  O  A  V
E  G  A  J  A  A  A  X  H  O  A  X  T  S  Z
D  A  R  F  R  Q  D  P  O  N  W  A  S  S  D
L  R  K  D  T  B  P  X  U  M  V  N  I  I  P
I  D  A  P  S  F  C  A  S  L  I  O  R  C  Q
G  E  A  X  D  X  P  A  E  Y  U  K  A  I  D
T  N  A  G  A  V  A  R  T  X  E  E  C  S  O
Q  F  L  M  S  Y  C  Z  X  N  P  U  R  M  H
T  X  C  A  P  I  T  A  L  I  S  T  B  W  Y
```

ARISTOCRACY	BEAUX-ARTS	CAPITALIST
CLASSICISM	EXTRAVAGANT	GEOCACHE
GILDED AGE	GREENHOUSE	HYDE PARK
ITALIAN GARDEN	MCKIM	SAMUEL BARD

Thomas Edison National Historical Park

```
L A B O R A T O R Y G I C D V
Q O C U L S E G A R A G C I Z
H L W E I N V E N T O R C G X
Y T L N Q N U D Y X J T F Y J
I E L E W Y L O R E O X Z G I
B G N T W D B E B R C P L L M
A N O F F E I S I S M H M E R
T A I H P G L A V E U O V N L
T R S F Z P N L Y R F N I M G
E O N N G E Q L Y J F O C O B
R T A X U D L Q Q N G G A N L
Y S M G F D J L K Q P R M T N
P E R F X Y S D Y L R A E W A
J W U Q E B W I L P A P R D Q
P V R M O V I E S J P H A K L
```

BATTERY	CAMERA	GARAGE
GLENMONT	INVENTOR	LABORATORY
LLEWELLYN PARK	MANSION	MOVIES
PHONOGRAPH	VICTORIAN	WEST ORANGE

Stonewall
National Monument

```
I D F V Q N L K T J E T C E H
K L U I T O Y D G D O D H G D
E I P Y U S Z J I I H I R A I
K B R M K N H R R E O A I L S
H E I H J H P X D F H R S L C
D R S Q K O E E N P I E T I R
R A I T H J K V N M H C O V I
C T N B N A E V Y R R I P T M
D E G G O H B Y V K M L H S I
A N T L K S H K Z V A O E E N
C I V I L R I G H T S P R W A
N N I L L A W E N O T S P I T
J Y K U S M T O N G O J A D E
C D G J A J S X T W W F R A H
D B W V I O V K Q F G C K M A
```

CHRISTOPHER PARK	CIVIL RIGHTS	DISCRIMINATE
LGBTQ	LIBERATE	MARSHA JOHNSON
POLICE RAID	PRIDE	RIOT
STONEWALL INN	UPRISING	WEST VILLAGE

Statue of Liberty National Monument

Across

3 The broken chains on Liberty's feet represent our _____ after tyranny.

5 The sculptor of Mount _____, Gutzon Borglum, altered the torch by adding glass.

6 The _____ was closed to visitors in 1916 due to the Black Tom explosion.

8 The statue first functioned as a _____.

11 The full name of the Statue of Liberty is "Liberty _____ the World."

13 The green _____ of the statue is due to weathering.

14 The right foot of Liberty is _____, depicting her as moving forward.

Down

1 There are 354 _____ to reach the crown.

2 The United Na ons declared the Statue of Liberty a World _____ Site.

4 Miss Liberty faces this New York City borough.

7 The flame is illuminated by _____ in the grounds surrounding the monument.

9 Her crown is reminiscent of the halo of Helios, the Greek god of the _____.

10 The 1980s renovation project was done under President _____.

12 The _____ Liberty is holding has the date of the adoption of the Declaration of Independence.

Fire Island
National Seashore

```
V K X S A I L O R S H A V E N
I Q W B Z F W T R G I W P W M
D O L I G H T H O U S E L A U
F N D Q H F G Z Q S N S P T P
H W A T C H H I L L L V J E M
J R V L E R I A T L A S V R A
F W L H S O A N T G F H I T W
G N I H S I F L L E H S M A B
M O R B J A R T Z M R L Y X E
B H X H W R M E U V O R J I Y
F K B M U B N X I A A T A K L
L S U N K E N F O R E S T B T
O Z R Y U D G G W O R Z H E P
Y L J T B D H D L H R A L V G
D N Z B O A R D W A L K B G S
```

BARRET	BARRIER ISLAND	BOARDWALK
FLOYD	LIGHTHOUSE	SAILORS HAVEN
SALTAIRE	SHELLFISHING	SUNKEN FOREST
WAMPUM	WATCH HILL	WATER TAXI

Edgar Allan Poe
National Historic Site

```
E E E N A L R E M A T U J V U
H D E R I T N I O P T S E W K
N A L L A N H O J X E V Y O V
Y R O T S E V I T C E T E D E
W R F I U C G Y K E V R W G U
D T O P P G O T H I C L L U F
A M F T D V X H R F A G Q B O
Q G U G S R L G Y E G P D D L
R Q K R J T I M I F H O E L Y
G C M A C N R Q U Z O E U O E
L V O H I S T O M I G T P G Z
F O S A Z Y D X H U L R Z E R
G V P M R O J R Q S X Y C H O
H O I S T X N E V A R E H T S
E A U T U B E R C U L O S I S
```

DETECTIVE STORY	GOTHIC	GRAHAM'S
JOHN ALLAN	POETRY	SHORT STORY
TAMERLANE	THE GOLD-BUG	THE RAVEN
TUBERCULOSIS	VIRGINIA POE	WEST POINT

Independence National Historical Park

Across

2 From 1790 to 1797, ___ lived with slaves at the President's House by Independence Hall.

5 The Great Essentials Exhibit displays copies of the Declaration of Independence and the U.S. ___.

7 The Declaration of Independence and U.S. Constitution were both signed here.

10 ___ lived in the President's House from 1797 to 1800.

11 Our nation is founded on the belief that "All Men are created___."

12 Many rallies and protests occurred in Independence Square to fight for women's ___.

Down

1 ___ was the temporary capital of the U.S. from 1790 to 1800.

3 Leading activist who campaigned at Independence Square for women's right to vote.

4 Meeting place for the U.S. Congress from 1790 to 1800.

6 The Nineteenth ___ granted women the right to vote.

8 Symbol of freedom that was once used to notify lawmakers of meetings.

9 The park dedicated a ___ to exploring the life and character of Benjamin Franklin.

Valley Forge
National Historical Park

```
L S M R A E R I F A O K H U F
Y M O N U M E N T S Y H E S U
Q P W O L A N G J F D Q O N P
M X I P L R E V O L U T I O N
Q D C A E E T T E Y A F A L P
R H A J P Q X K E T A N M M C
C S G E A Z F W A R Y U I I U
T L T V H T I K C G M P R D C
U P L T C S D H E X X G R X X
Q X E T N E M P M A C N E A P
T M D T E W U X C B K W K X J
O W G G U A O U A N F C I T N
Y S X J V S E O H S E S R O H
A P S F S T U H G O L Y M R A
D V V R K W A S H I N G T O N
```

ARCH	ARMY	CHAPEL
ENCAMPMENT	FIREARMS	HORSESHOE
LAFAYETTE	LOG HUTS	MONUMENTS
REVOLUTION	WAR	WASHINGTON

Gettysburg
National Military Park

L	N	D	S	P	H	N	B	H	E	E	T	H	J	E
Q	H	X	W	G	E	E	L	L	A	R	E	N	E	G
D	X	H	J	Q	S	T	R	S	U	Y	P	O	M	E
K	M	L	F	W	U	D	W	E	D	F	B	Z	F	L
Z	P	Y	C	E	O	L	D	M	T	E	G	X	E	L
A	V	G	E	D	H	E	A	I	O	S	B	V	I	O
A	C	Z	M	A	S	I	O	N	L	S	M	R	S	C
R	Q	S	E	E	L	F	R	A	S	E	A	A	E	O
C	O	A	T	M	L	E	L	R	X	R	T	J	N	L
N	Z	N	E	Q	I	L	I	Y	M	D	F	C	H	I
Q	W	N	R	V	W	T	A	R	V	D	B	M	O	N
D	A	P	Y	G	K	T	R	I	H	A	X	I	W	C
W	M	S	V	V	T	A	C	D	Y	B	M	A	E	O
L	W	S	P	C	B	B	N	G	E	Z	T	R	R	L
W	H	J	M	A	N	H	M	E	K	L	V	R	J	N

ADDRESS	BATTLEFIELD	CEMETERY
COLLEGE	EISENHOWER	GBMA
GENERAL LEE	LINCOLN	MEADE
RAILROAD	SEMINARY RIDGE	WILLS HOUSE

Antietam
National Battlefield

```
U  W  A  T  U  V  J  D  B  Z  G  V  S  V  P
A  W  U  R  X  X  F  A  K  E  E  R  C  W  G
K  M  D  I  D  N  Z  O  Z  I  V  E  P  J  R
S  J  U  S  K  H  N  R  U  L  C  S  M  H  U
Y  H  N  Z  N  P  J  N  E  L  E  U  E  L  B
O  M  K  R  X  L  T  E  A  U  M  O  D  J  S
N  C  E  O  Q  O  K  J  M  E  H  I  M  P
R  C  R  B  V  O  D  N  N  I  T  Y  S  D  R
D  L  C  E  R  K  C  U  O  N  E  R  N  H  A
B  E  H  R  Y  L  N  S  S  A  R  P  R  M  H
I  L  U  T  I  J  W  A  K  T  Y  X  U  S  S
I  L  R  E  O  U  T  G  C  I  U  L  B  U  U
N  A  C  L  J  Z  C  B  A  O  A  H  A  P  S
I  N  H  E  D  O  D  I  J  N  H  E  E  W  C
L  D  R  E  K  O  O  H  L  A  R  E  N  E  G
```

BURNSIDE	CEMETERY	CREEK
DUNKER CHURCH	GENERAL HOOKER	ILLUMINATION
JACKSON	MCCLELLAN	PRY HOUSE
ROBERT E. LEE	SHARPSBURG	SUNKEN ROAD

Harpers Ferry
National Historical Park

```
I  R  A  W  L  I  V  I  C  J  X  K  X  V  U
B  L  V  A  C  H  S  T  O  R  E  R  M  N  P
O  T  P  B  D  P  A  F  X  L  D  E  L  H  P
O  P  O  O  T  Y  V  R  Z  Q  U  M  F  R  H
K  O  T  L  N  U  G  F  P  M  D  O  N  G  G
E  V  O  I  X  C  S  Z  R  E  Z  T  S  E  O
P  P  M  T  H  J  M  C  P  A  R  E  F  Q  W
S  O  A  I  O  B  I  O  A  F  I  G  O  Y  N
R  S  C  O  D  W  M  U  Z  R  T  D  K  G  M
E  W  P  N  D  M  M  L  J  K  O  I  D  M  X
T  R  Z  Z  Z  N  J  O  H  N  B  R  O  W  N
E  H  A  O  D  N  A  N  E  H  S  B  A  A  U
P  X  A  O  S  B  Q  H  U  E  G  X  W  T  V
T  Q  G  N  I  T  F  A  R  X  G  S  J  G  G
S  D  A  Q  E  D  P  G  M  Q  H  C  H  U  N
```

ABOLITION	CIVIL WAR	CSX BRIDGE
HARPER	JOHN BROWN	POTOMAC
RAFTING	RAID	SHENANDOAH
STORER	ST. PETER'S	TUSCARORA

Shenandoah
National Park

```
E W Z T R O E R P V V X J O U
T Y Y C E R C M B Z J T S Y Q
N D S G V N A C D B A F U A Z
O A H B I D R E E W Q L N Q E
M R A Y R J T K B Y M A G V S
D K W M E X O H G K P E I P W
E H K I S R N O V P C R R P O
I O S R O N E E A D D A E D D
P L B R R X V L A E R Q L H A
N L I Y E S A O N A F U A B E
J O L M P C E I Y C K R Y W M
T W L H H Q L D G A P W M X G
N J L I O Y V R Y D R I U W I
W H A F K E G D I R E U L B B
N Z V S R E G N A R K Y L Y K
```

APPALACHIA	**BIG MEADOWS**	**BLACK BEAR**
BLUE RIDGE	**DARK HOLLOW**	**HAWKSBILL**
LEAVE NO TRACE	**LURAY**	**PIEDMONT**
RANGERS	**ROSE RIVER**	**SKYLINE DRIVE**

Manassas
National Battlefield Park

```
S S S M B G I F C B P N K H L
R B U L L R U N O L B W N A A
X Z X B Y J D J N A M J W X Z
M H N E K O Y G F C A C D V I
U H C A Z H S N E K N A L A C
T H B U Q N C I D B C C Q B Y
T E U R W S D J E U A N I R Q
R R R E L T G U R R L B R U B
A A I G L O W P A N A E Q X C
I W A A E N U W T S B N Q R Z
L L L R W S E V E N P I N E S
R I P D O C G W R U V G I L M
O V I N D R P O I A K N C L L
A I T V C Z H B C D T K P T M O
D C I V M T R M H C Y H P Z Q
```

BEAUREGARD	BLACKBURN'S	BULL RUN
BURIAL PIT	CIVIL WAR	CONFEDERATE
JOHNSTON	MANCALA	MCDOWELL
RAILROAD	SEVEN PINES	THORNBERRY

Washington, D. C. Monuments

```
H Z S C V I E T N A M V E T S
T Z R W A L R Z Q L E H X Z P
K Q W D E Y K G K H N J G M M
O W H U W T K L D Z E O E A L
R O I F A N O R H F V J V M K
E R T N S D X O O J E R A I I
A L E U H K M O I F L N X J N
N D H V I J K S F Q E K U O G
W W O O N E C E N O E R S W R
A A U F G Q R V L V N C N I V
R R S Z T S N E O W I U A T K
M I E R O N I L C K N I V F D
E I B N N J N T N D H K Y V P
B D I P Q O Q Z I D K B I Z X
P P Y U T S V N L B D H V Q A
```

IWO JIMA	JEFFERSON	KOREAN WAR
LINCOLN	M. L. KING	NINE ELEVEN
ROOSEVELT	U. S. NAVY	VIETNAM VETS
WASHINGTON	WHITE HOUSE	WORLD WAR II

The White House

The White House has more than 130 rooms, 55,000 square feet, a swimming pool, a putting green, a bowling alley, and a movie theater.
Read the quotes about the White House below. Each one was made by a president of the United States. Try to unscramble the names to find out which president said what.

I never forget that I live in a house owned by all the American people and that I have been given their trust.

1. _____

VEOSROTLE

Sometimes I wake at night in the White House and rub my eyes and wonder if it is not all a dream.

2. _____

DCLLEEVAN

Since I came to the White House, I got two hearing aids, a colon operation, skin cancer, and I was shot. The thing is I've never felt better in my life.

3. _____

GANERA

The White House: I don't know whether it's the finest public housing in America or the crown jewel of the prison system.

4. _____

NICLNTO

[The White House is] *big enough for two emperors, a pope, and the grand lama.*

5. _____

ESFEROJNF

25

Frederick Douglass National Historic Site

Across

2 An annual __ Contest is held at the site for students to show off their public speaking skills.

4 Small furnished cabin Douglass used to read, write, and think.

5 After escaping slavery, Frederick Douglass was a leader of the __ movement.

8 Douglass met with __ to fight for equal treatment of black troops during the Civil War.

9 Douglass advocated for women's __ and the equality of all people.

11 Frederick Douglass's Anacostia estate.

Down

1 A __ for escaping slavery, Douglass and his wife settled in New Bedford.

3 The first __ Douglass wrote was titled *Narrative of the Life of Frederick Douglass, an American Slave*.

5 Douglass worked for the Massachusetts __ Society and became a famous public speaker.

6 Douglass was born in Maryland and was sold to a slave owner in __ at about 8 years old.

7 Woman who helped Douglass escape slavery in 1838 and later became his wife.

10 Douglass was not allowed an education, so he taught himself to __ and write.

Fort Washington Park

```
H H A R M O N Y H A L L L D A O
N T K Y Y A G Q B I P I N Z D
T A U L I G H T E I G H T Y E
B E D Q I H B H U M G B A O P
F L Y R E L L I T R A U O A R
Q N O T R U B R A W T R O F O
N I C H E N D I C O T T C C T
D D T D P M R S Q E M A J C B
I L O O H C S L A R E N E G Y
D Q C A M O T O P P K V A C D
A I Y V R Y R N O S A M N N K
R H I F S L U G O H M Y N J G
A P I W I Z B D M I C S M O R
S C A A W V W O K U K S B P T
E X A T B U T O O A L C T N W
```

ARTILLERY	ENDICOTT	FORT WARBURTON
GENERAL SCHOOL	HARMONY HALL	LIGHT EIGHTY
MASONRY	POTOMAC	TOMHAVE
TORPEDO	WAAC	WWII

George Washington Birthplace National Monument

```
C X W S K C O H Y L L O H Q X
U O B N F Z T E A T A B L E F
K K L T M M U Q K S I L E B O
U Z T O N K M G K V N B K G F
B K C O N N A H A P P A R Y W
S E O H N I W O V M X L R R F
W R X A L W A K E F I E L D H
M E M O R I A L H O U S E Z V
S O S S J Z Y D B P P U N L V
E O Y S T E R S H E L L S T A
A S C J L P L A N T A T I O N
A T O B A C C O M W R C W Y W
T C E B U H B T C W K Z H Y V
J G Y P O P E S C R E E K T V
B K C E N N R E H T R O N N T
```

COLONIAL BEACH	HOLLYHOCKS	MEMORIAL HOUSE
NORTHERN NECK	OBELISK	OYSTER SHELLS
PLANTATION	POPE'S CREEK	RAPPAHANNOCK
TEA TABLE	TOBACCO	WAKEFIELD

Richmond
National Battlefield Park

```
G G M A F Q F B O X T D O C T
Z Q N S N I S U O C L L E B W
H J N C V J D F J M O O R E V
M D S O X D S N D D T R U E C
M Z O M S N O S I R R A H F H
R S J M O I H H L I I G O O A
C O L D H A R B O R D R S D F
B G K N T A R P K V J N P M F
J Z G R A L U I Y P N Q I G I
Y C C E V L I H L B B T T G N
S V W V X B J F H R B M A W S
Q W A L K E R D Z R O I L L W
Y B V A V R O U X N R T L M O
C H I M B O R A Z O B L U F F
M C C L E L L A N X N B N D S
```

BELL COUSINS	BLUFF	CHAFFIN'S
CHIMBORAZO	COLD HARBOR	HARRISON
HOSPITAL	LIBBY PRISON	MALVERN
MCCLELLAN	MOORE	WALKER

Petersburg
National Battlefield

```
J Z Y D B O D L D B Q C A B D
F N O U H G K C A V X K Q I B
I L V K S Y N D I R O R J J F
V C A T K N N A L S P R X W V
E T C H P A T O Y A U U M R T
F N Z E A M T R E N M S J O T
O A H C M D U L X I O B A B U
R R C R I E N I P Z Y S M E S
K G N A U T E A R K W L E R Z
S S E T H S N R E Y C N S T S
G U R E Q S C R S N R O R E N
K I T R P L R T S G I B I L C
S I E G E O P X Y N X N V E I
I U R Z O L U I Q G E A E E X
S I F S B B I T A X V R R P O
```

DAILY EXPRESS	FIVE FORKS	JAMES RIVER
NINE AND A HALF	RAILROAD	ROBERT E. LEE
SIEGE	STEDMAN	THE CRATER
TRENCH	USCT	U.S. GRANT

National Battlefields and Military Parks

Across

4 Technically not a ___ park, the Little Bighorn Battlefield National Monument in Montana preserves the site of the 1876 battle where General George Custer lost to the Lakota, Cheyenne, and Arapaho.

5 The ___ War came to its climax in Fredericksburg, Chancellorsville, Wilderness, and Spotsylvania, and is memorialized at Fredericksburg & Spotsylvania National Military Park.

7 In 1862 the Pea Ridge Battle was fought to secure Missouri for the ___ and is memorialized at the Pea Ridge National Military Park in Arkansas.

8 Shiloh National Military Park is the site of one of the bloodiest Civil War battles. There were more ___ at Shiloh than in any battle in U.S. history up to that time.

10 Kings Mountain National Military Park is a ___ War park located in South Carolina, where most of the battles occurred.

Down

1 The Chickamauga and Chattanooga National Military Park was the ___ national military park, established in 1890.

2 Vicksburg National Military Park commemorates the campaign to win the city of Vicksburg, located on the ___ River.

3 Andrew Jackson and his men defeated Chief Menawa and his band of a thousand warriors in 1814, ending the Creek ___ at what is now Horseshoe Bend National Military Park.

5 Antietam National Battlefield is the site of the 1862 Civil War battle and includes the battlefield, a visitor ___, a national military cemetery, and multiple historic structures.

6 Fort Necessity National Battlefield in Pennsylvania preserves the 1754 ___ and Indian War battle site.

9 Gettysburg National Military Park tells the story of the Union victory that was a turning point for the ___ in the American Civil War.

Appomattox Court House National Historical Park

```
E T C T W E Y R E Z I R P A C
S S G C A X S U R R E N D E R
U D H L C J H V Q Y B L M V P
O H H G H V H P S E A W W R D
H P W T P F S A D N A L G A R
N M R Q N R O B E R T E L E E
A V B Y K S I U Y O J F F Z U
E B C L O V E R H I L L D D U
L A O G W A L L O F H O N O R
C T C R A W L I V I C J U V R
M T R C E M E T E R Y K X A W
B L S Y U G A T L H S M Z S I
U E W R I G H T H O U S E S E
Y H A G I I E K U S G R A N T
P S B C X G Q L X S F J C M T
```

BATTLE	CEMETERY	CIVIL WAR
CLOVER HILL	MCLEAN HOUSE	PRIZERY
RAGLAND	ROBERT E. LEE	SURRENDER
U. S. GRANT	WALL OF HONOR	WRIGHT HOUSE

Gauley River
National Recreation Area

```
R B C Y Z L I M T S E W Z J I
L I Z A J A O E H E D N E B I
G T V J C T U A U L O E L O T
N D C E A S G D M J A B Q Z A
I P P C R K O O P E J C A W C
R I W Y N O I W E K J M S K A
N L U O I M F R R C T G D E A
O L N H F R P I I P O O I V R
R O T K E B U V N F J Q P A L
I W F C X S Z E R K N B A W S
R R J G K Q S R I O G L R K Q
Z O G N U B L U E V I O L E T
Y C T A I L W A T E R S A E T
T K K C E R W P I H S Y L G W
X G X V V G O R G E Y E R A M
```

BLUE VIOLET	CARNIFEX	GEEK WAVE
GORGE	IRON RING	MEADOW RIVER
PILLOW ROCK	RAPIDS	RIVER OF INK
SHIPWRECK	TAILWATERS	THUMPER

Monongahela National Forest

```
K E K L H D T F A R D G I B T
D Y N E H G E L L A S T A A S
R S W T O R X R O X P A N L E
Z R C K W K K O G K R J S L R
S A Z O U E H A I N U W D I O
E E P F H L N R I X C X O H F
N B A V T O T I R T E Y L E G
E K L J R H N N W A K N L G N
C C G K U E O G V Q N F Y N I
A A F C S K N P O F O E S U K
R L F B F O C L G R B D O A R
O B O C N M S A R J O Q D N O
C L V U G S E I D I V N S E W
K I S L A C I N A T O B T M H
S J C V V B J S Y M J H L O I
```

ALLEGHENY	BIG DRAFT	BLACK BEARS
BOTANICALS	COHONGORONTO	DOLLY SODS
MENAUNGEHILLA	ROARING PLAINS	SENECA ROCKS
SMOKE HOLE	SPRUCE KNOB	WORKING FOREST

Fort Necessity
National Battlefield

```
O V Z E A L G O N Q U I N F O
M F H P V O L S D R U H F K O
T X T R E W Y T U A C K L T W
C A D R L A N O I T A N S Q W
A F V E H S C C Z R H U R O N
P T U E U H J K E O F A D J H
I K G G R I D A K M Y A G U L
T C H F E N E D X W E T V M S
U O B M Q G O E M M F W M O F
L D K H I T F Q T B C A H N I
A D I W N O V A P D C A I V M
T A X C O N E M Z K V X P I D
I R O V V R R V A Q N J N L C
O B M H G C H Y J A M M A L L
N O I W U Z B Y L X Y I J E P
```

ALGONQUIN	BRADDOCK	CAPITULATION
GREAT MEADOW	HURON	JUMONVILLE
MACKAY	MORTAR	NATIONAL RD.
STOCKADE	TAVERN	WASHINGTON

Women's Rights National Historical Park

Across

7 Elizabeth Cady Stanton and Susan B. Anthony established the Woman's New York State __ Society.

9 Women's rights movement leader __, whose home was a station on the Underground Railroad.

10 Spot where five activists came together to discuss and plan the Women's Rights Convention.

11 Suffragist, abolitionist, and cofounder of the American Equal Rights Association.

12 Location of the 1848 Women's Rights Convention and home to Elizabeth Cady Stanton.

Down

1 Kids can collect __ about civil rights when visiting the park.

2 In 1948 a __ stamp was created commemorating the first Women's Rights Convention

3 A period in feminist history when activists primarily fought for women's suffrage.

4 The Declaration of __ was created in 1848 at the first Women's Rights Convention.

5 Quaker, abolitionist, and first president of the American Equal Rights Association.

6 Visit for the park's annual __ to celebrate the people who fought for suffrage.

8 Visit the __ at Declaration Park inscribed with the Declaration of Sentiments.

Most-Visited National Parks

```
P L H F N O Y N A C D N A R G
Y G Q R E Z W D E C R R M O M
F R O J Q E I K Y L R W W C K
Q E J O S H U A T R E E B K D
M A U Y W N D T Y O I A R Y H
W T Y E K C K O G L C I Y M C
U S Z L F A Q A K Y A D C O D
Z M M L L N H Z R M L A E U F
Z O X O N N O D R P G C C N Y
W K M W F J X I I I N A A T D
K Y X S A Y X T Z C T S N A Z
Z N L T K E T I M E S O Y I O
Z N N O T E T D N A R G O N V
R B Z N X B S Z H K Z C N U P
O E A E C U X O G R B L D F R
```

ACADIA	BRYCE CANYON	GLACIER
GRAND CANYON	GRAND TETON	GREAT SMOKY
JOSHUA TREE	OLYMPIC	ROCKY MOUNTAIN
YELLOWSTONE	YOSEMITE	ZION

Harriet Tubman National Historical Park

Across

3 The park sits on roughly __ acres.

4 Tubman is most famous for being a __ on the Underground Railroad.

5 Tubman fought alongside Lucretia Coffin Mott and Susan B. Anthony for women's __.

7 Tubman opened the __ for elderly and poor African Americans in Auburn.

10 Tubman helped rescue over __ enslaved people in a raid alongside Colonel James Montgomery.

11 After escaping, Tubman returned to __ about 13 times to free family and friends.

12 Tubman worked as a spy and scout for the U.S. Army during the __.

Down

1 Upon her death, Tubman was granted __.

2 Tubman raised funds to build the African Methodist Episcopal __.

6 Many of the people rescued from the plantation raid joined the __.

8 William Lloyd Garrison referred to Tubman as "__" for helping free so many slaves.

9 Tubman changed her name from __ after marrying John Tubman, a freeman.

Great American Public Lands Road Trip #3
The Southeastern States

ARKANSAS

TENNESSEE

NORTH CAROLINA

SOUTH CAROLINA

GEORGIA

FLORIDA

ALABAMA

MISSISSIPPI

LOUISIANA

Wright Brothers
National Memorial

```
J D W E N I L T H G I L F T Z
V U P B S A K W A H Y T T I K
I N O T Q Q E Z U Y I O S U O
S E P O H S E L C Y C I B V U
D S N F W G I Z C M S K W O T
Z L H A G O I P E K N Q I G E
K R Q K L N R L K Y U R L Y R
Z Y W G A P H I F U U K B R B
L I N A I U R Y W T Z I U G A
C Y L N K N C I A T S J R R N
G A G L P P C B A D U R N F K
R R M Q C V C Q A T I N I V S
P W F P T U O K O O L U Q F J
F J D G A U B G O R V I L L E
S L L I H L I V E D L L I K J
```

AIRPLANE	BICYCLE SHOP	CAMP
DUNES	FIRST FLIGHT	FLIGHT LINE
KILL DEVIL HILLS	KITTY HAWK	LOOKOUT
ORVILLE	OUTER BANKS	WILBUR

Cape Hatteras
National Seashore

```
B L Q D K I Z Y T K H C U U X
K V N X R X L R N W P W D A E
A M A Q A B O D I E U K S E W
J S Y W C F U N D O U X N R T
D E E R E V O L P L B Q O U Y
Y S S K C E R W P I H S I B H
M R S E L T R U T A E S T R F
A O S S L U F E I S S U A E E
E H V N E G A O L J K E T H X
T R X J H M J H P N I P S T R
S E G Z C S U W J V M S T A Q
Z K P Q T Z T V R Y M H H E P
T N T M I K A O R R E A G W A
I A M M M J F B W O R I I S M
A B V C E R V H Q E S R L U D
```

BANKER HORSES	BODIE	FORT
LIGHT STATIONS	MITCHELL	ORV
PLOVER	SEA TURTLES	SHIPWRECKS
SKIMMERS	STOWE	U. S. WEATHER BUREAU

Congaree
National Park

```
H O W Y C X P E C M B G C P L
T Y R D E B P N I M O K M I R
S H K J D C W E H T T L S G O
U E S A A A Y D D J T A E S W
N R K C R U I M I S O W E E M
E E B H C W E X S N M D R E G
S H O N R R A N O H L R T S Q
C P O J E Z F T Y E A A N E I
O S K L E H P F E Y N O O I N
O O F Y K M M R T R D B I L L
Z I C E A J B O D C E E P F P
S B V H L D E S O T O E M E S
Q B A L D C Y P R E S S A R M
G T L D I Q F T L F K L H I B
K N Q Y N N S Q V Q O T C F C
```

BALD CYPRESS	BIOSPHERE	BOARDWALK
BOTTOMLAND	CEDAR CREEK	CHAMPION TREES
DE SOTO	FIREFLIES	HAMPTON
PIGS	UNESCO	WATEREE

Ocmulgee Mounds National Historical Park

True or false?

1. According to Muscogee oral tradition, the mounds area was the first place their ancestors settled.

☐ *True*
☐ *False*

2. Different sections of the park are connected by 7 miles of trails.

☐ *True*
☐ *False*

3. When visiting the park you can visit the Earth Lodge, with an original floor dating back a thousand years.

☐ *True*
☐ *False*

4. Hernando De Soto led the Spanish expedition through the Southeast in the hopes of settling the Gulf States and finding gold.

☐ *True*
☐ *False*

5. The Macon Plateau was home to many people and a lively culture during the Early Mississippian Period.
☐ *True*
☐ *False*

6. The Ocmulgee Mounds consist of 12 mounds.

☐ *True*
☐ *False*

7. The Great Temple Mound is the largest mound in the park and reaches a height of 50 feet from its base.

☐ *True*
☐ *False*

8. The Mississippian culture created these mounds for elite members of their society.

☐ *True*
☐ *False*

9. The Ochese Creek Nation was removed from the Macon Plateau by President Lincoln.

☐ *True*
☐ *False*

10. The archaeological dig on the Ocmulgee Mounds uncovered 3 million artifacts.

☐ *True*
☐ *False*

Cumberland Island
National Seashore

```
Z U P L U M O R C H A R D B O
V T X S A L T M A R S H R J L
P H U D P O E W T V R B J Z K
N E J N X E L U U P K C S C O
L S T X O S B S E A C A M P M
F E W F Z U S F W Z A Z P S P
H T J U X O F E O W R L K O X
E T H K S H E S N E N I E N L
O L R L U E W N S E E R Q J J
P E T V C C A I X K G N C K X
V M R U S I V U G O I N R O H
G E O W I D A R B G E J U K M
Q N E S T I N G C O Z F Z D Y
W T Q S T A R G A Z E K G Y G
J X V H W N U X S Y R A M T S
```

CARNEGIE	DUNGENESS	ICE HOUSE
JFK	NESTING	PLUM ORCHARD
RUINS	SALT MARSH	SEA CAMP
STARGAZE	ST. MARYS	THE SETTLEMENT

Canaveral National Seashore

```
S N Y D E R S M O U N D E N N
N T H J X U J W Y U O E G M I
Q E U U K X A R O D L E U T G
B C G R S R E L G N A A F S H
X Q Q E T X M T K X E P E E T
H R N N X L R A Y V V U R R S
M E X D Z H E X W I D R F E K
P S Z A W K C M Q I A K O L Y
P T I N T E Y W O M Z U E O T
L U H G I Y A J B U R C S N U
I A Z E M W W K N N R U I U
J R Q R U B F I B L U D O M H
B Y H E C Z E V J S B L H E L
G F F D U J U D V F N S H S G
W Z N K A Z N M O S Q U I T O
```

ANGLERS	ELDORA	ENDANGERED
ESTUARY	HOUSE OF REFUGE	MOSQUITO
NIGHT SKY	SCRUB JAY	SEMINOLE REST
SNYDER'S MOUND	TIMUCUA	TURTLE MOUND

Biscayne National Park

```
R U V L S F N Y F P F T R X U
Z F D A O T R R Y O V N O C Y
D S T N F Q I N O U U Z W A O
O R C C A A S L D Q I C L C D
W T Y E M U W A T N X A Z V V
F S H L I V Z A S S D Q Y Y R
L G F O L Z M K J N V C J G Q
K G E T Y J B O A D T I F N Z
E U E J F D C M Z M K X L N G
Y H R O U Z Y E W O F L H L Y
S W L N N S P I T E H W Y B E
I Z A E F Y E K T T O I L L E
O Z R S E F B G P W U I Z J M
M L O B S T E R I N G O I Q F
H C C Z T S H I P W R E C K S
```

CONVOY	CORAL REEF	ELLIOTT KEY
FAMILY FUN FEST	FL KEYS	FOWEY
LANCELOT JONES	LOBSTERING	MANDALAY
SHIPWRECKS	SPITE HWY	STILTSVILLE

Everglades National Park

Match the correct answer to each clue.

1. Archaeologists discovered mounds of __ used by the Calusa for building tools.

A. DISEASES

2. Upon the arrival of Spanish explorers, many of the Calusa and __ retreated into the Everglades.

B. SEMINOLE WAR

3. European __ spread amongst the Calusa and Tequesta, causing death among their people.

C. OSCEOLA

4. The Spanish claimed __ in 1783, right after the American Revolution.

D. FORT MYERS

5. President Jackson signed the __ in 1830, forcing Seminole bands to retreat.

E. SHELLS

6. The second __ began in 1835 and lasted seven years.

F. BILLY BOWLEGS

7. __ was a prominent leader who led an attack on Fort King during the second Seminole War.

G. CATTLE RANCHING

8. The third Seminole War began in 1855 when the Seminoles raided __.

H. TEQUESTA

9. The Seminoles who stayed in the Everglades after the war practiced __.

I. FLORIDA

10. Chief __ led the Seminoles during the second and third Seminole Wars.

J. INDIAN REMOVAL ACT

Dry Tortugas National Park

```
C R N A N S F F J Q U V G Z C
R Z F W I P T A O M Y S G V G
O B N J G Y A M W Q G N A N W
C U H R H E Y R Y P U U R H O
O K X S T R O P S E L D D A P
D E Q H D O Z Q R J C A E R L
I N C S I A X A V E B N N B O
L A T T V Y V H D F L M K O G
E L Q R I A Z C M F X R E R G
S P S A N G W Q A E B O Y L E
L A C T G S V T R R N V H I R
P E I K V Q F T H S L O P G H
X S H C E J A J X O E C S H E
M P C S O N Q C N N L Z V T A
R S R S N O R K E L M X G L D
```

AVANTI	CROCODILES	GARDEN KEY
HARBOR LIGHT	JEFFERSON	LOGGERHEAD
MOAT	NIGHT DIVING	PADDLE SPORTS
RNA	SEAPLANE	SNORKEL

Big Cypress
National Preserve

```
C O F G L R V K I U J G Z I H
Q Y S R E H T N A P Z L B O Q
P U M I C C O S U K E E D K X
R I H J Z N E J V B W S P R L
J W A P A N A P T O U R S Z I
V X J Q M F F Y W W J L P L A
I S R O T A G I L L A P E O R
N E Y H O A W T S E T U L O T
I Q K G G J O S T G C H O P I
K N S A C Q N Q O S Y W N R M
O K K B L L Z P R K A U I D A
F Z R F E P W F T W B E M J I
F M A Q C T E D E F R K E L M
D L D P Z B C E R G E U S Q A
O I M N H T P N D B F X Q G T
```

ALLIGATORS	**BOWLEGS**	**DARK SKY**
DEEP LAKE	**LOOP RD.**	**MICCOSUKEE**
PANTHERS	**SEMINOLE**	**STORTER**
SWAMP	**TAMIAMI TRAIL**	**VINIKOFF**

Selma to Montgomery National Historic Trail

```
S  U  T  T  E  P  D  N  U  M  D  E  A  G  Q
J  U  Z  B  L  O  O  D  Y  S  U  N  D  A  Y
F  V  O  T  I  N  G  R  I  G  H  T  S  W  Y
O  N  L  A  T  I  P  A  C  E  T  A  T  S  S
O  H  T  G  O  V  W  A  L  L  A  C  E  Z  O
T  Y  L  U  M  H  P  P  G  T  P  R  G  H  N
S  S  S  W  O  J  I  M  M  I  E  L  E  E  L
O  Q  M  J  B  W  E  X  N  G  N  I  K  R  D
L  L  E  P  A  H  C  N  W  O  R  B  M  A  Y
D  X  T  E  N  T  C  I  T  Y  S  C  L  C  D
I  X  F  F  O  K  A  G  D  A  Q  K  W  P  E
E  J  W  R  I  G  H  T  C  H  A  P  E  L  V
R  S  M  N  H  D  P  T  B  W  B  Y  T  I  S
S  U  K  Z  Q  O  R  E  O  K  V  M  V  B  C
B  B  F  U  Y  L  F  V  A  S  J  E  D  G  B
```

BLOODY SUNDAY	BROWN CHAPEL	DR. KING
EDMUND PETTUS	FOOT SOLDIERS	GOV. WALLACE
JIMMIE LEE	SCLC	STATE CAPITAL
TENT CITY	VOTING RIGHTS	WRIGHT CHAPEL

New Orleans Jazz National Historical Park

```
E  P  D  E  J  F  M  H  I  K  O  P  U  Q  X
R  V  T  P  N  Y  M  A  R  D  I  G  R  A  S
A  D  H  D  N  A  B  S  S  A  R  B  T  E  K
U  E  X  A  A  O  H  A  H  V  U  J  I  L  L
Q  X  Q  P  X  E  U  J  P  X  Z  U  D  O  A
S  C  A  J  P  B  E  B  Y  T  K  E  S  F  W
O  E  H  K  I  N  G  O  L  I  V  E  R  I  E
G  L  Y  K  S  F  O  N  R  A  K  S  N  T  K
N  S  U  H  B  G  M  E  E  K  I  J  H  O  A
O  I  C  A  N  A  L  S  T  E  L  O  E  R  C
C  O  V  R  M  V  U  A  N  E  D  L  O  B  I
H  R  V  O  Q  T  N  L  Z  D  H  Z  P  A  Y
R  E  T  A  E  H  T  S  I  O  U  Q  O  R  I
H  J  P  Z  T  D  Y  A  U  G  Q  M  T  Q  Q
L  Y  L  G  N  O  R  T  S  M  R  A  D  H  E
```

ARMSTRONG	BOLDEN	BRASS BAND
CAKEWALK	CANAL ST.	CONGO SQUARE
CREOLE	EXCELSIOR	IROQUOIS THEATER
KARNOFSKY	KING OLIVER	MARDI GRAS

Natchez National Historical Park

```
Y R A I D S N O S N H O J N Y
G X M H P U I O R S F B U O D
G U O E V A D U E N K L P S M
X K U N B H M E T A O B G N O
L G N I A L Q I R R U O R H D
Q W D M R A M L A R H H E O G
G G B E B P Y A U U O J E J N
K D U U E B W S Q M V M K M I
Y J I Q R O S O E C Z E R A K
Q Q L A J X T R V M Q L E I N
M C D L G D U T A H S R V L O
R X E P G Q W R L V I O I L T
U K R E F U U O S U E S V I T
L W S B F S R F I P M E A W O
P A R K M U S E U M U L L F C
```

BARBER	COTTON KINGDOM	FORT ROSALIE
GREEK REVIVAL	JOHNSON'S DIARY	McMURRANS
MELROSE	MOUND BUILDERS	PARK MUSEUM
PLAQUEMINE	SLAVE QUARTERS	WILLIAM JOHNSON

Vicksburg
National Military Park

```
V R Y R O T S I H G N I V I L
I Q U A U R A W L I V I C S E
L D V N N A R T P A R K M O T
H G B W T B P G H D L L O G Q
C S A T G H I B G B A N F C
R P T W R H R I Z U Y I U P Y
A O T D A R K U U P R K M H R
L O L H N I A V H I U H E R E
A R E J T Y Q V F I S M N Y T
I T F L S R A N H I S U T Y E
R K I E C Z O Z P I C T S W M
O C E E A N Y P V G A J O M E
M A L D N B M P V X I H B R C
E L D A A N C N I K R Y R I Y
M B C T L Y X R F V O G I A Q
```

ART PARK	BATTLEFIELD	BLACK TROOPS
CANNON FIRING	CEMETERY	CIVIL WAR
GRANT'S CANAL	LIVING HISTORY	MEMORIAL ARCH
MONUMENTS	RUN THRU HISTORY	USS CAIRO

National Park Service

The National Park Service (NPS) oversees and safeguards hundreds of public lands. But the NPS doesn't just take care of these special places; it makes them accessible to millions of visitors every year. The NPS also plays an important role in preserving local history and maintaining the heritage of communities that hold strong ties to these lands. Unscramble the words below that all relate to the National Park Service.

1. _____

   TAC

2. _____

   AINTNOLA AKSPR

3. _____

   CAER

4. _____

   ERNEGY

5. _____

   MLNIOIL

6. _____

   TSEAT

7. _____

   ISITVED

8. _____

   ELLYOWOESTN

9. _____

   HTWIE OSHUE

10. _____

   ROEAARWDH

Hot Springs National Park

```
T Z H S B L T B W H Q D B W X
S A M T Q U A P A W D C I N B
O N S O Y N M R N F B F O Z V
R D I N N O T G N I T T I H W
A E T E Q U Y S Y W G C F V X
L R A B U Z K Y N N M I Z X Z
H M M R S V F A I X O P V P R
I A U I M D U L A G N C W T X
S C E D C X R F G E X B J T B
T H H G O A R N E L B M A H B
O I R E G S E S U O H H T A B
R N A P S H U W Q A R U N K V
Y E G K L A M R E H T O E G M
Z S Z Y Y P T K X D U L U O B
S B O C A J N I A T P A C N Y
```

ARLINGTON	BATHHOUSES	CAPTAIN JACOBS
GEOTHERMAL	HAMBLEN	ORAL HISTORY
QUAPAW	RHEUMATISM	SPA
STONEBRIDGE	WHITTINGTON	ZANDER MACHINES

Ouachita National Forest

```
W A T E R F O W L I N J I L J
D A A M T Z K C O R E L G A E
S K T U Y F E I H T E S R O H
Z Q Z H N O K V U Y A O F A I
P C T R E D S L O U G H L G W
F I Q D E N O N T D H S F G A
B E A V E R S B E N D Z X W S
C I Y K S W G B U L O V I T H
K R I A T S G N I D N I W T I
J K X O Y E X T Q G U V Z I T
R W N A Y L Q D J Z F M U Q A
K E E R C H C E E B N O M F A
A W O M B L E M I Y K P R F X
Y U K V A F D T B V S U A K H
E Z S L M U T E R O B R A R T
```

ARBORETUM	ATHENS BIG FORK	BEAVERS BEND
BEECH CREEK	EAGLE ROCK	HORSE THIEF
LOVIT	RED SLOUGH	WASHITA
WATERFOWL	WINDING STAIR	WOMBLE

Buffalo
National River

```
N W O T T S O H G B N B P H Z
S B D M I J R E V A E B U V B
C O L L I E R N Y V V Z V Y E
R Y Y E L L A V T S O L U K B
K F Y G Y E D N E B R E L Y T
S S A I O Q X P I R P R T L U
F K W R O G A S C K F L N X J
C R N E M U N I O N R A I D J
S A Y D I S R C S L O C Q V Y
H Z S W H H T I E O L H K P Y
A O Q T A V Z E C S Z Q J B R
W K T S S L B T A R I E I P Y
N Q K C Z B T Y E D Z X Q S B
E B F O S A G E P X W D U B X
E R O C N I Z F A O J I N L U
```

BEAVER JIM	COLLIER	FARMSTEAD
GHOST TOWN	LOST VALLEY	OSAGE
OZARKS	PEACE SOCIETY	SHAWNEE
TYLER BEND	UNION RAID	ZINC ORE

Little River Canyon National Preserve

```
B  M  G  A  U  S  Y  R  D  F  L  A  K  D  T
D  S  Y  O  L  R  U  E  G  N  K  L  C  V  B
M  A  D  B  M  A  H  H  A  W  K  L  H  B  L
U  N  E  F  M  E  R  C  M  H  X  Y  E  J  U
S  D  L  O  A  T  B  T  L  A  C  N  S  X  E
C  S  K  R  Y  F  B  I  E  B  G  N  G  V  H
O  T  S  T  S  O  U  P  T  E  J  R  R  U  O
G  O  G  P  G  L  P  N  X  T  D  Y  I  F  L
E  N  F  A  U  I  Z  E  L  R  L  Q  W  O  E
E  E  U  Y  L  A  K  E  L  O  O  K  O  U  T
A  Z  Q  N  F  R  B  R  Z  Q  G  Y  F  Z  N
Q  F  C  E  D  T  D  G  F  M  G  K  W  G  L
Q  V  E  D  I  L  G  S  K  W  A  H  X  X  R
Q  Y  Q  U  U  M  A  K  E  R  U  B  Z  F
C  H  R  T  N  I  O  P  W  O  R  C  O  Y  F
```

BENGE	BLUE HOLE	CROW POINT
FORT PAYNE	GREEN PITCHER	HAWKS GLIDE
LOOKOUT	LYNN	MAY'S GULF
MUSCOGEE	SANDSTONE	TRAIL OF TEARS

Big South Fork National River & Recreation Area

```
Z  T  W  I  N  A  R  C  H  E  S  C  R  I  P
V  D  E  M  S  Q  U  U  M  W  Z  A  S  R  G
W  E  W  R  U  J  G  N  I  G  G  O  L  I  N
C  V  C  Y  R  A  C  G  Q  Z  W  B  L  G  I
U  I  C  M  K  K  R  Z  C  V  R  A  A  A  N
Y  L  F  P  L  E  G  F  O  I  I  G  F  C  I
T  S  T  R  S  S  E  N  I  S  U  B  O  N  M
L  J  C  I  B  P  R  L  T  S  O  P  O  O  L
Z  U  S  G  P  L  H  H  D  R  R  G  H  D  A
B  M  W  I  V  A  S  V  U  W  Z  V  A  F  O
M  P  R  P  T  C  W  N  P  J  L  W  Y  P  C
K  M  T  C  G  E  T  S  V  D  Y  I  W  F  X
I  W  H  F  E  O  T  K  I  I  D  G  M  Q  W
X  E  B  L  U  E  H  E  R  O  N  K  V  D  L
R  E  E  A  S  T  R  I  M  I  N  Q  Z  U  N
```

BLUE HERON	COAL MINING	DEVIL'S JUMP
EAST RIM	HATCHER	JAKE'S PLACE
LOGGING	NO BUSINESS	SCRIP
SURK	TWIN ARCHES	YAHOO FALLS

Great Smoky Mountains National Park

```
N R J A D P F P Q S J I H K U
S A M J B A R A H R L C T Y D
H V O T B E N G B E O T E X D
U D U C A F V D N L A M E K L
F S N U B X W N R L K G T E H
L R T T A C T U Y E I E F W H
Y A L A V A S O B F T G U C T
F E E N K D R F V E J J L G S
I B C D Z E Q W D K N J A E A
S K O R T S G E G C P E N H L
H C N U Q C I N S O D H O K I
I A T N D O I W Z R D F C B D
N L E B I V K O U B K M O S N
G B M T T E K C O R C Y V A D
S H M O S T V I S I T E D D B
```

BLACK BEARS	CADES COVE	CUT AND RUN
DAVY CROCKETT	FDR	FLY-FISHING
MOST VISITED	MOUNT LE CONTE	NEWFOUND GAP
OCONALUFTEE	ROCKEFELLERS	TSALI

Great Smoky Mountains National Park Trivia

Across

3 The Great Smoky Mountains National Park is the ___-visited park in all of the United States.

6 The Great Smoky ___ are part of the Appalachian Mountain chain.

8 The park is famous for its black ___ population.

10 Fly ___ come for the native trout that can be found in its waters.

11 In the 1800s the timber industry clear-cut old ___ from much of the region.

Down

1 Westward expansion by Europeans pushed the American ___ out of this region.

2 John D. Rockefeller Jr. contributed 5 million ___ toward the creation of the park.

3 The Appalachian Trail stretches from Georgia to ___ and passes through the center of the park.

4 This park comprises over 520 ___ acres.

5 The border between ___ and North Carolina runs through the center of the park.

7 The most popular activity in the park is ___.

9 Many of the trails in the park were created by the Civilian Conservation Corps, which created jobs during the ___ Depression.

Blue Ridge Parkway

```
B O N K Y K C O R U P K B F I
T I K K J U Z I D H W V W S B
H Z K C A B P M U H G W D F W
M V M I M T V U C B Z K S T M
Q K M U E Z H R N C O Q D K T
P E A K S O F O T T E R A S M
R F Z C R I A Z G V Q M E R A
U P Z X I X C X B T R Q H E B
J U I D V U K C K D P Q W D R
X C S G E K D K E I N K O N Y
W K Y Y R Y Q A B N S V R U M
G E K K Q T R H L Q T H R A I
Q T E M O S E S C O N E A S L
S T P I S G A H K C G U R Y L
T O N W V N A C A N O M L K R
```

ARROWHEADS	HUMPBACK	JAMES RIVER
MABRY MILL	MONACAN	MOSES CONE
MUSIC CENTER	PEAKS OF OTTER	PISGAH
PUCKETT	ROCKY KNOB	SAUNDERS

Cowpens National Battlefield

```
I T A R L E T O N T O D Z O X
U N I B A C G O L E O D Z N C
L W Z F F Y Y V J V L V J Q R
J K P D G J X E E K O R E H C
N T N E M U N O M U E S U M U
A U J Z T O N S S R A E B D E
G N M I L L S G A P R O A D Q
R I N D E P E N D E N C E F W
O R E V O L U T I O N A R Y C
M N A Y T Q P H M A T J D Y M
Z Y R O T S I H G N I V I L G
R Q Q N F R X Z L T D N K I S
K R A P L A N O I T A N W Z B
C Z Z D K N L Q A K V L R H G
Z G U P I R W P X P X P B N S
```

CHEROKEE	ED BEARSS	INDEPENDENCE
LIVING HISTORY	LOG CABIN	MILLS GAP ROAD
MONUMENT	MORGAN	MUSEUM
NATIONAL PARK	REVOLUTIONARY	TARLETON

The Southwestern States

Wichita Mountains Wildlife Refuge

```
S R C U L Q D H T O S T D J G
Z O N H K Y Y K Q L I D K A F
T O O X S N I A L P T A E R G
S S I U P M H Q N R P M Z J H
L E T W R T I Y W K O Q P J A
H V C G A M E P R E S E R V E
R E N D I S Q J S O X E Q S K
C L I Y R W H U B I S O N C A
O T T B I F K Q A O U B Z O J
M J X C E P P P X H Y I Q T V
R S E H C N A M O C A V V T V
S V V G R E H A I R X D J L O
T P G R A S S L A N D S I O M
Q S C E H E I C D M H V Z B H
P B T C O S A I K V R K J M M
```

BISON	CCPS	COMANCHES
EXTINCTION	GAME PRESERVE	GRASSLANDS
GREAT PLAINS	NWRS	PRAIRIE
QUAHADI	ROOSEVELT	SCOTT

Lyndon B. Johnson National Historical Park

```
H T X I S Y T R I H T F B Y I
H C V L H W K K S B E Y S T A
J C K K R I G U T X X T J E L
P Z E N L L O H X K J I Z I Y
E N V A Z D X W W B J C C C J
D L J I H E Q W H M I N H O L
E A X R A R K Y I J X O U S L
R D H O I N P B T G H S C T T
N Y Z T A E T Z E M C N K A H
A B Y C B S N T H L N H W E H
L I O I Y S F T O V A O A R E
E R K V F A S O U S R J G G Q
S D T Z Y C L I S P L D O F F
B I R T H T O D E A T H N U O
C P K E S U O H T O R T G O D
```

BIRTH TO DEATH	CHUCK WAGON	DOGTROT HOUSE
GREAT SOCIETY	JOHNSON CITY	LADY BIRD
PEDERNALES	RANCH	THIRTY-SIXTH
TX WHITE HOUSE	VICTORIAN	WILDERNESS ACT

Padre Island
National Seashore

```
M  B  C  L  O  S  E  D  B  E  A  C  H  B  Q
W  P  B  E  W  P  E  R  M  I  A  N  J  M  L
H  Z  P  B  R  X  G  F  B  P  C  Z  N  A  Y
A  A  S  B  R  D  N  X  V  M  A  W  B  L  L
K  S  T  O  L  N  A  B  E  T  S  E  N  A  S
P  H  J  C  I  D  R  M  K  C  Z  X  C  Q  H
W  I  M  Q  H  C  G  Q  A  P  Z  M  M  U  G
J  P  M  A  K  L  N  S  R  N  V  X  N  I  U
N  W  T  P  W  H  I  A  M  S  U  V  U  T  O
J  R  X  B  N  T  B  N  L  H  V  G  U  E  R
U  E  I  A  U  Q  M  R  G  I  I  J  A  S  O
W  C  Z  L  W  F  O  X  Y  G  O  U  P  L  B
E  K  R  L  H  F  B  Y  O  W  Q  N  Y  A  R
T  S  Z  I  O  X  I  U  V  K  A  J  U  U  A
H  G  N  I  H  C  N  A  R  J  P  F  S  S  Y
```

BALLI	BOMBING RANGE	CLOSED BEACH
HATCHLING	LAGUNA MADRE	MALAQUITE
PERMIAN	RANCHING	SAN ESTEBAN
SHIPWRECKS	SUN OIL	YARBOROUGH

Rio Grande
Wild and Scenic River

```
Y  M  U  Q  P  B  L  W  S  J  R  T  G  G  I
T  F  C  P  M  J  K  Q  A  G  R  H  K  D  C
G  X  F  M  F  G  P  T  L  M  V  E  L  E  N
O  O  W  I  S  V  P  H  L  A  C  P  L  S  D
H  I  M  P  A  P  A  A  I  R  E  A  G  E  N
Z  S  L  S  I  D  S  Z  U  I  M  I  A  R  U
J  S  R  D  N  R  G  U  Q  S  T  S  Q  T  Y
J  O  S  I  G  O  N  W  O  C  G  A  A  E  N
E  P  L  P  H  F  I  U  B  A  B  N  T  H  Z
A  A  E  A  A  G  R  Y  J  L  Y  O  F  B  C
L  A  Q  R  Z  N  P  R  V  I  D  W  Q  A  P
W  F  Y  N  W  A  S  N  O  Y  N  A  C  S  D
F  V  G  L  P  L  T  U  W  S  R  I  B  W  X
S  H  P  A  R  G  O  T  C  I  P  W  Y  S  C
A  H  C  Z  L  A  H  C  D  N  E  B  G  I  B
```

BIG BEND	BOQUILLAS	CANYONS
CHASM	DESERT	HOT SPRINGS
LA LINDA	LANGFORD	MARISCAL
PICTOGRAPHS	RAPIDS	THE PAISANO

Big Bend National Park

Mark the correct answer for these questions.

1. People occupied Big Bend during this period.

- ☐ A. Paleo-Indian
- ☐ B. Early Archaic
- ☐ C. Middle Archaic
- ☐ D. Late Archaic
- ☐ E. Late Prehistoric
- ☐ F. All of the above

2. Big Bend National Park is famous for its __.

- ☐ A. Fossils
- ☐ B. Military history
- ☐ C. Large waterfalls
- ☐ D. Vast forests
- ☐ E. Glaciers
- ☐ F. Wildflowers

3. The person known as the father of Big Bend National Park is __.

- ☐ A. Juan de Leon
- ☐ B. Jodie Harris
- ☐ C. Robert T. Hill
- ☐ D. Everett Townsend
- ☐ E. Roman De La O
- ☐ F. Ross Maxwell

4. C. D. Wood and W. K. Ellis built a factory near Glenn Springs in 1914 to produce __.

- ☐ A. Cotton
- ☐ B. Wax
- ☐ C. Soap
- ☐ D. Wool
- ☐ E. Silk
- ☐ F. Steel

5. Visitors of Big Bend National Park may take a dip in the natural hot springs that are said to be very healing. The springs average at __.

- ☐ A. 75° F
- ☐ B. 89° F
- ☐ C. 95° F
- ☐ D. 105° F
- ☐ E. 113° F
- ☐ F. 120° F

6. Choose the species found at Big Bend National Park that is NOT threatened, endangered, or federally protected in Texas.

- ☐ A. Black-capped vireo
- ☐ B. Mexican long-nosed bat
- ☐ C. Rio Grande silvery minnow
- ☐ D. Mule deer
- ☐ E. American black bear
- ☐ F. Texas horned lizard

7. Choose the mountain trail that leads to a view of Casa Grande, Juniper Canyon, Pine Canyon, and the Sierra del Carmen in Mexico.

- ☐ A. Emory Peak
- ☐ B. Window Trail
- ☐ C. Lost Mine Trail
- ☐ D. Boot Canyon Trail
- ☐ E. Hot Springs Canyon Trail
- ☐ F. Santa Elena Canyon Trail

8. Choose the activity that is NOT one of the major types of recreation at Big Bend National Park.

- ☐ A. Camping
- ☐ B. Hiking/backpacking
- ☐ C. Scenic driving
- ☐ D. Rafting/canoeing
- ☐ E. Bird-watching/wildlife viewing
- ☐ F. Fishing

Fort Davis
National Historic Site

```
T F J Q P R O T E C T M A I L
N K W T E N T H C A V A L R Y
E F Z T R A N S P E C O S K Z
M J E F F E R S O N D A V I S
I M F S R A W N A I D N I K D
R M M T S N I A R T N O G A W
E X D W V H O R S E R A C E S
P N S R L O S G I U J S L V I
X O Y J N I P S H R A X U G W
E S S K F R D U V D L O I Q P
L R V H T O T C V F Q G V R F
E E Y R O T S I H G N I V I L
M I U T Y C L G Y S W H U H Z
A R F F L I P P E R P O C E P
C G M W T V K F Y G X W S V B
```

CAMEL EXPERIMENT	FLIPPER	GRIERSON
HORSE RACES	INDIAN WARS	JEFFERSON DAVIS
LIVING HISTORY	PROTECT MAIL	TENTH CAVALRY
TRANS PECOS	VICTORIO	WAGON TRAINS

Carlsbad Caverns National Park

```
P L K A A T S L I S S O F O T
Q M E H T O E L E P S J D W E
I P B M O O R G I B P F Q X N
C C S Z V T T Z W X V T O R O
E G F E N L S W S D R C A S T
B R L T K I A T E B N S W T S
E T T H Y A Z I A N C R G A E
R U Y S G U N C P B Q O G R M
G G N I R P S S L I V E D W I
R Z P B J E N R E X K T X A L
O Z J H V J H Y W L G E I L V
C K Z A Z H V Q X O T M A K U
K D E T I H W M I J H T V S W
G J C R T L S A X K Z N A J I
I F W O E C X B R R L C D R S
```

BATS	BIG ROOM	DEVIL'S SPRING
FOSSILS	GRT	ICEBERG ROCK
JIM WHITE	LIMESTONE	METEORS
RATTLESNAKES	SPELEOTHEM	STAR WALKS

Guadalupe Mountains National Park

```
T O P O F T E X A S J X O D K
E F F D J Q L L R D J P W N T
L O X T N F G L H B Z Z N D T
C F D M H V U A U J Q S I L A
A E I E C B A H X B Y C B E R
P E F S N P D S G I Q A A I P
I R X C A J A L F R C L C F E
T N E A R O L I K D W C E R C
A A U L E D U V E I F I N E A
N I E E L J P E X N O T O T L
B M C R O P E D O G J E T T L
K R O O J U P O W E O S S U A
F E C Y I Y E D R V P P P B W
P P A P R Y A K D V M A F C Z
N P J L F C K D G O Q R G J G
```

BIRDING	BUTTERFIELD	CALCITE SPAR
DEVIL'S HALL	EL CAPITAN	FRIJOLE RANCH
GUADALUPE PEAK	MESCALERO	PERMIAN REEF
STONE CABIN	TOP OF TEXAS	WALLACE PRATT

Pecos National Historical Park

```
P  S  A  B  P  R  P  O  T  T  E  R  Y  A  Y
B  A  U  C  L  T  R  D  H  B  R  X  Z  X  B
A  N  D  C  Q  A  T  E  I  R  O  L  G  N  L
T  T  N  F  G  N  A  N  C  E  S  T  R  A  L
T  A  D  O  B  E  B  R  I  C  K  S  S  C  R
L  F  R  V  I  G  B  Y  F  J  Z  P  I  H  V
E  E  E  W  M  Z  K  H  B  E  O  B  X  U  R
F  T  X  C  K  O  H  F  M  S  Y  J  M  R  J
I  R  P  I  B  X  X  M  A  B  C  F  C  C  U
E  A  T  U  D  R  E  D  D  I  K  Q  R  H  K
L  I  I  R  O  D  A  T  S  I  U  Q  N  O  C
D  L  N  P  N  S  H  B  G  G  I  P  I  W  F
R  S  F  L  F  W  K  R  T  Y  L  K  U  V  U
T  L  O  V  E  R  O  L  B  E  U  P  C  L  A
G  P  Z  F  G  O  O  T  N  E  V  N  O  C  K
```

ADOBE BRICKS	ANCESTRAL	BATTLEFIELD
CHURCH	CONQUISTADOR	CONVENTO
GLORIETA	KIDDER	LAS POSADAS
POTTERY	PUEBLO REVOLT	SANTA FE TRAIL

Cibola National Forest and National Grasslands

```
E E S O H L P R W I Q V K K F
H W Q L L K Z A J T A Y L O R
Z N E N P K K U L I M V X O R
E X Z B L W A U N I F J K B A
M A I D N A S X O I N R E M N
O O H J D T C M Q P H H S U E
Q I P D I K E H C A P A W Z L
B R M L I P K Y F S N Y O F A
U R M I L L S C A N Y O N V D
F E C Z R H G V D I X J A B G
F K K Y L S U R T Q G N Z A A
A H L Z O F T D U M O M N M M
L M I O P C U N K I O W A Z O
O X W I T H I N G T O N M X C
X Z W W A I L L I P A C M M Z
```

APACHE KID	BUFFALO	CAPILLIA
KIOWA	MAGDALENA	MANZANO
MILLS CANYON	NFMA	SANDIA
TAYLOR	WITHINGTON	ZUNI

National Park Date Established Match-Up

Match the national park to when it was established.

1. ____ Congaree National Park

2. ____ Joshua Tree National Park

3. ____ Sequoia National Park

4. ____ Everglades National Park

5. ____ Yosemite National Park

6. ____ Carlsbad Caverns National Park

7. ____ Great Sand Dunes National Park

8. ____ Redwood National Park

9. ____ Glacier Bay National Park

10. ____ Kings Canyon National Park

A. *SEPTEMBER 25, 1890*

B. *MAY 14, 1930*

C. *DECEMBER 2, 1980*

D. *NOVEMBER 10, 2003*

E. *MARCH 4, 1940*

F. *SEPTEMBER 24, 2004*

G. *OCTOBER 31, 1994*

H. *OCTOBER 2, 1968*

I. *OCTOBER 1, 1890*

J. *DECEMBER 6, 1947*

White Sands National Park

```
A O T J B V L R C I L H I M S
V K O G B G Y K C C N J G E A
K V M Z E L N Q Q U Q Y Q T N
Q X L O Q V S I K I P M G S D
W B L P T O I S D S P R K Y S
R O A I G H N R U D O K D S T
E A O S O Q A M D U E L U E A
V R D P K N S P N S T L S N Y
O D S U P A F D A H E T S U S
O W E D N O S O A L Q N B D C
H A Q D R L A O S T O B U I O
S L Q Y O O U I O S X O B D O
E K X T X D J F C K I B Z U L
R B H J W S R C B L Z L L A P
P S M I L I T A R Y K W S U W
```

BOARDWALK	DUNES DRIVE	DUNE SYSTEM
GROUND SLOTHS	GYPSUM SAND	LION FOSSILS
MILITARY	MOTHAPALOOZA	ORYX
PRES. HOOVER	SAND STAYS COOL	SLEDDING

Chamizal National Memorial

```
M J V B S N O I T U L O V E R
L D U O I P A T R E A T Y P J
R N R R W Y O C V S Y J A Q L
E C B D A U N L U I Y C W R G
Y A A E L J A T Q R S U Z I P
Y R N R T B E B E W O A J O K
S B H L G Q K L J I E L Z G P
I I U A F G L A F Y T H S R M
Y T T N X A N C D C A K T A T
K R H D G N R K N Y M H D N V
R A W D L O C B H Q E D J D D
E T T Y D D O O P A O P J E W
K I T P I J T X T W O F Z C Z
N O X E T J D E D O K U W X D
W N K B B B R L M A O K C H J
```

ARBITRATION	BLACK BOX	BORDERLAND
COLD WAR	GALLERY	JFK
MATEOS	REVOLUTION	RIO GRANDE
THEATER	TREATY	URBAN

Gila Cliff Dwellings National Monument

```
I H N E L E C V W D M P V V X
S O B C E N D H B U N K L T I
T H Q T H I L J M S O S H F R
M O P L C P A K S H L C M K V
O K I E A A J J E P L P R R R
G A K V P S U U V A O R I U O
W M Z E A O R N A R G E F I S
S B F S Z R Y V C G O H E N E
N R L O N E D A E O M I Y S I
I A C O F D U W V T M S Z Q M
U C E R O N T E I C X T M S M
R E Q S Q O Y B F I K O S R U
J L E E E P I H T P W R N E M
T E D R X P G Y E C C I U G B
T T O P G G K Q Y I K C C Q P
```

APACHE	FIVE CAVES	HOHOKAM BRACELET
JURY DUTY	MOGOLLON	MUMMIES
PICTOGRAPHS	PONDEROSA PINE	PREHISTORIC
PRES. ROOSEVELT	RUINS	TJ RUIN

Tumácacori
National Historical Park

```
K B Z B Z U X O F S V A B S L
G I B S E C A Z A N J P V L D
Z R A D X R N T T O M A S E K
H D S L C N Z O H I R C Y D A
L W K R H W A R E S A H X O U
C A E B I Q T T R S K E T M X
Y L T R H G R I K I D R G E M
O K W S U C A L I M L A V Z A
I S E B A G I L N E S I T I H
S V A C H H L A O E F D I S D
Q A V H U C E S A R A S U E O
Q R I Y A I Y K F H F P S F O
J I N Y X N W B U T G G E I O
S C G R I A C X P L D L J L F
C R E V I R Z U R C A T N A S
```

ANZA TRAIL	APACHE RAIDS	BASKET WEAVING
BIRD WALKS	CHIHUAHUA	FATHER KINO
JESUIT	LIFE-SIZE MODELS	O'ODHAM
SANTA CRUZ RIVER	THREE MISSIONS	TORTILLAS

Saguaro
National Park

```
S I X P L A N E S C R A S H V
O S D N A L S I Y K S R E V X
L A R G E S T C A C T I C Y X
M A K O H O H J B V U Z V I U
R A E B Y D D E T O J P O K G
E X S N L I K E M I L H L E W
H R C A C T U S F O R E S T L
C G B Q F U O Y I R G E G S W
S M X Q K R Y J K N I Q Z M F
Y E L L A V Z U R C A T N A S
T S Y J B B A Z X T R N B D P
S P I O P I C O B T P B N C G
P E T R O G L Y P H S W D C F
W G D M I C X H T J W U Q C B
S S I E N G A N I L A T A C X
```

CACTUS FOREST	CATALINA GNEISS	CCC DAMS
HOHOKAM	LARGEST CACTI	LIME KILNS
PETROGLYPHS	PIOPICO	SANTA CRUZ VALLEY
SIX PLANES CRASH	SKY ISLANDS	TEDDY BEAR

Presidential National Parks and Monuments

Across

4 The Franklin Delano Roosevelt Memorial is unique in its layout, with four ___ "rooms."

5 Mount ___ was the home of George Washington. Running the farm was the source of Washington's livelihood.

6 The JFK National Historic Site in ___ preserves the president's childhood home.

7 In South Dakota the faces of Washington, Jefferson, Theodore Roosevelt, and Lincoln appear on ___ Rushmore National Memorial.

8 Sagamore Hill National Historic Site was known as the "summer ___ ___."

9 The Adams National Historical Park honors and preserves the home of two American ___.

10 Ford's Theatre in Washington, D.C., is where President ___ was assassinated in 1865.

Down

1 The Washington Monument was built to honor ___ Washington.

2 Sculptor Daniel Chester French took eight years to create the Lincoln Memorial in ___, D.C.

3 Roosevelt Campobello International Park, which is located in both Maine and Canada on Campobello Island, is where FDR spent his ___ as a child.

6 ___ was the Virginia home of the author of the Declaration of Independence and third president, Thomas Jefferson.

9 President's ___ in Washington, D.C., encompasses the White House, Lafayette Park, the Ellipse, and a visitor center.

Tonto
National Forest

```
S  S  K  A  E  P  R  U  O  F  N  N  E  R  J
O  D  A  L  A  S  K  J  K  A  T  O  Y  U  V
T  W  E  A  D  G  T  W  R  C  E  L  F  U  F
Z  D  B  Z  Y  Z  G  O  Z  D  H  M  G  V  C
X  Z  I  T  K  Y  N  I  R  Z  Z  E  U  B  M
H  Z  T  A  I  O  R  E  V  I  R  T  L  A  S
L  V  E  Z  S  X  V  H  Z  W  D  I  D  I  M
Z  L  M  A  D  T  L  E  V  E  S  O  O  R  S
P  T  Z  M  R  E  S  E  R  V  O  I  R  S  S
N  E  Q  A  S  P  N  A  G  P  R  A  G  Z  R
N  R  Y  L  F  O  O  H  S  M  D  V  M  D  W
Y  C  Y  L  Q  E  C  B  M  W  Z  L  P  Z  F
E  A  R  A  Q  O  F  H  O  H  O  K  A  M  Y
L  K  E  E  R  C  L  I  S  S  O  F  L  G  R
H  R  B  V  A  Y  L  Z  V  J  A  R  B  K  A
```

FOSSIL CREEK	FOUR PEAKS	HOHOKAM
MAZATZAL	NAGPRA	RESERVOIRS
ROOSEVELT DAM	SALADO	SALT RIVER
SHOOFLY	SONORAN	VERDE

Petrified Forest National Park

```
S Q G X Q B R E P S A J A V S
Z D N B D L V Q Q T B D A A G
C Z S T U D E B A K E R S C N
Y H S O W W I Y J X P Q E I I
P A L E O N T O L O G Y M Q L
K N T Z P S E T T U B W E T L
F L H T Q T K Q N A W I U T I
X R E K T L P Q G F P P L X B
F A U K F Y L A F V I D B F X
L V P A I N T E D D E S E R T
B E Q S L E K J R K W P V T F
Q N I S A B D E R Z A S T B O
E S Y A X O U I Z N R A E B C
R P P E T R O G L Y P H S P Z
M N P M G R G S F Y F F V B W
```

AGATE	BILLINGS	BLUE MESA
BUTTES	ELK	JASPER
PAINTED DESERT	PALEONTOLOGY	PETROGLYPHS
RAVENS	RED BASIN	STUDEBAKER

Tuzigoot
National Monument

```
M M O O R L E D A T I C N E J
Z C B E A R G R A S S A R R V
K F B V X I P R Q K X R P I E
T O N T O A P A C H E B H H S
V G N I N I M R E P P O C P K
U L A C Z K Z A T F P R B P W
E L A V I V E R O L B E U P J
N E T D E R D N U H E N O K Z
S R E T A W D E K O O R C R K
O Q N P T N M S R E D D A L J
S I N A G U A H V Z W O Q R B
T A V A S C I M A R S H L O V
V E R D E V A L L E Y G C P S
O I N I U R O L B E U P S L W
C M B M C D B Z T I G A K R S
```

BEARGRASS	CITADEL ROOM	COPPER MINING
CROOKED WATERS	LADDERS	ONE HUNDRED TEN
PUEBLO REVIVAL	PUEBLO RUIN	SINAGUA
TAVASCI MARSH	TONTO APACHE	VERDE VALLEY

Walnut Canyon National Monument

```
T  R  G  N  I  L  L  E  W  D  F  F  I  L  C
K  A  I  B  A  B  L  I  M  E  S  T  O  N  E
H  J  D  I  L  A  J  H  Z  S  J  U  K  Y  M
M  B  H  S  W  R  D  R  M  I  Z  S  K  L  O
G  L  E  L  A  Y  B  A  P  G  B  I  L  Y  R
P  A  F  A  L  V  P  N  V  Y  T  N  U  S  Y
O  C  T  N  N  M  O  G  X  Q  C  A  W  A  R
T  K  E  D  U  S  B  E  V  C  G  G  D  N  P
H  W  Q  T  T  Q  A  R  C  Q  W  U  R  D  I
U  A  L  R  C  W  Z  C  Y  V  B  A  V  S  U
N  L  P  A  R  L  I  A  R  T  M  I  R  T  B
T  N  P  I  E  M  A  B  H  T  F  A  K  O  U
E  U  H  L  E  Y  Z  I  C  I  E  Y  S  N  J
R  T  D  T  K  B  X  N  H  D  L  C  N  E  V
S  E  F  I  T  G  O  S  H  A  W  K  N  E  J
```

BLACK WALNUT	CCC	CLIFF DWELLING
GOSHAWK	ISLAND TRAIL	KAIBAB LIMESTONE
POT HUNTERS	RANGER CABIN	RIM TRAIL
SANDSTONE	SINAGUA	WALNUT CREEK

Grand Canyon National Park

```
E R S D O P O I H C A R B N X
B B W E I V T R E S E D O Q R
M I N R D Q O L B E U P A X B
U Z C U R O O S E V E L T R I
L Z L S D Z J U H P S B G R H
E F H X P H G Y B V V Y G X A N
R E V I R O D A R O L O C F L
I P L E G N A T H G I R B T Y
D C Q E K L X G K F W N O I Z
E H O P I H O U S E F V B N E
S A N E D R A C N Y H A H G H
V E T G V A X F I E O C L W S
Q M E J D P Q O M O M Z B C V
K A U J A C O B H A M B L I N
S N A S I T R A L A B I R T R
```

BRACHIOPODS	BRIGHT ANGEL	CARDENAS
COLORADO RIVER	DESERT VIEW	HOPI HOUSE
JACOB HAMBLIN	MULE RIDES	PUEBLO
RAFTING	ROOSEVELT	TRIBAL ARTISANS

Grand Canyon National Park Trivia

Across

4 At its widest point, the canyon is 18 miles ___.

7 The Grand Canyon National Park has more than 6 million ___ every year.

8 The southwestern portion of the canyon is bordered by two ___ Indian reservations: the Havasupai and Hualapai Indian Reservations.

11 The Havasupai are an American Indian ___ that has called the Grand Canyon home for centuries.

12 The oldest ___ at the bottom of the canyon is close to 2 billion years old.

Down

1 The visible ___ of rock in the canyon walls provide valuable geological information.

2 John Wesley Powell led the ___ expedition through the canyon in 1869.

3 The Grand Canyon became a ___ park in 1919.

5 This enormous canyon is located in the northwestern part of the state of ___.

6 The Grand Canyon is a UNESCO World Heritage Site; UNESCO stands for ___ Nations Educational, Scientific, and Cultural Organization.

9 The Colorado ___ runs through the canyon.

10 The Grand Canyon is a ___ deep.

Zion
National Park

```
T F A Z S A G R E E D E L U M
O Z S K P N Y S F U W M R U B
W K A O M G U Q S I E U N O J
E O C O W E M U W C K D E B N
R L R L N L E I E S E B E B F
S O E R N S Y R D E K N M E J
O B D E O L S R E W I T I I V
F C D V I A D E I P K V C C S
S A A O S N O L N L I C V H W
T N T N O D S K U R O N M N L
O Y U O R I M Q X A E P U U Y
N O R Y E N J S H Z J D B J U
E N A N G S B L X Y W L Q W
F S X A O Q X M S A W F J I E
I C Z C F G N K E T U I A P W
```

ANGELS LANDING	CANYON OVERLOOK	EROSION
JUNIPER	KOLOB CANYONS	MULE DEER
PAIUTE	SACRED DATURA	SCENIC
SQUIRREL	TOWERS OF STONE	WILDERNESS

Bryce Canyon National Park

```
H  J  A  H  N  T  P  V  P  B  Z  A  V  S  T
O  K  N  B  L  A  C  K  H  A  W  K  W  A  R
O  V  C  P  N  E  G  F  Y  E  W  S  Y  G  S
D  J  J  A  A  W  D  N  A  L  Y  R  I  A  F
O  J  D  C  K  I  F  L  J  R  K  P  V  U  D
O  B  E  W  H  N  U  C  A  S  M  X  W  B  S
S  G  R  A  N  D  S  T  A  I  R  C  A  S  E
R  R  G  Q  V  U  N  Z  E  D  M  Q  T  Z  N
W  Z  T  U  S  Y  E  R  H  P  M  U  H  W  J
U  Z  A  M  P  H  I  T  H  E  A  T  E  R  S
F  P  C  A  I  U  S  E  H  C  R  A  M  K  O
U  L  Y  A  D  G  O  D  E  I  R  I  A  R  P
K  W  E  L  P  O  E  P  D  N  E  G  E  L  I
A  S  S  N  O  W  S  H  O  E  I  N  G  K  U
N  T  S  E  F  O  E  G  N  N  G  C  Y  W  K
```

AMPHITHEATERS	ARCHES	BLACK HAWK WAR
FAIRYLAND	GEOFEST	GRAND STAIRCASE
HOODOOS	J. W. HUMPHREY	LEGEND PEOPLE
PAIUTE	PRAIRIE DOG DAY	SNOWSHOEING

Capitol Reef
National Park

K L W X S E M O D F M E E W I
D R Q Z H R R F S R M V D A A
I Q E B M I N N V E M I W T O
F O T L S P U O H M O R F E V
S E I A E P S Y R O J D R R C
D A L C I L F N A N H C E P L
R B O K R E O A H T C I M O U
A E T B A R E C M P I N O C P
H S A O N O L T I E S E N K C
C A M U A C P S P O R C T E S
R F O L R K M I C P K S R T S
O E R D G L E W G L I E I F M
X W T E V Y T T M E Z O V O P
S U S R C X I B Z H F T E L N
D M G S Y L R D R Z Z W R D H

BLACK BOULDERS	DOMES	FREMONT PEOPLE
FREMONT RIVER	GRANARIES	ORCHARDS
RIPPLE ROCK	SCENIC DRIVE	STROMATOLITE
TEMPLE OF SUN	TWIST CANYON	WATERPOCKET FOLD

Glen Canyon
National Recreation Area

```
W G S A X I M V J B S X Y U S
U C F N K N Q N H M S H M U S
O G G T E O W P I L A O S M N
R L A E G Y G O G A B L I G N
E E E L D N H G N K D E R N A
F N L O I A C K I E E I U I V
L C W P R C W Z K P P N O T A
E A B E B T X W I O I T T A J
C N W C W C N D B W R H N O O
T Y H A O A I D N E T E U B B
I O O N B R H A T L S R L B R
O N B Y N A Y P M L R O O S I
N D V O I T G G K D X C V G D
O A N N A A R P C B O K L I G
E M T Q R C M Y H P B Z R P E
```

ANTELOPE CANYON	BOATING	CATARACT CANYON
GLEN CANYON DAM	HOLE IN THE ROCK	LAKE POWELL
MTN. BIKING	NAVAJO BRIDGE	RAINBOW BRIDGE
REFLECTION	STRIPED BASS	VOLUNTOURISM

Monument Valley Tribal Park

```
U H A S E M S T N U H G J E N
T O T E M P O L E S I N L C Y
Z F Q P V Y O W A C H O M O A
E R S K J D R O F N H O J N D
M I T T E N B U T T E S M O A
D N A J F Q J A O S Y G G I E
H F S R E T S I S E E R H T W
K O E D I X O N O R I I S A U
L M C M Z V P Z B L U K L N D
Q E G U I D E D T O U R S O M
S S A N D S T O N E N H E J P
Q A Y X Q F P X K K M R E A H
I S Q H U N H T F I L M K V U
I H B G T J W I U D C L S A T
O C W A N A S A Z I R U I N S
```

ANASAZI RUINS	GUIDED TOURS	HUNT'S MESA
IRON OXIDE	JOHN FORD	MESAS
MITTEN BUTTES	NAVAJO NATION	OWACHOMO
SANDSTONE	THREE SISTERS	TOTEM POLE

Canyon de Chelly
National Monument

T	E	C	D	E	C	J	D	L	S	V	B	Q	W	D
O	W	C	E	G	D	K	X	V	L	M	A	T	R	K
G	F	A	F	X	E	K	I	Y	E	S	T	Y	R	C
S	N	O	I	T	A	N	O	J	A	V	A	N	J	O
N	W	Q	A	R	E	E	L	C	S	F	A	T	B	R
O	D	O	N	Z	F	T	G	A	E	H	U	U	F	R
Y	Y	H	C	Y	G	L	G	Q	Z	W	X	C	K	E
N	R	S	E	E	S	U	O	H	E	T	I	H	W	D
A	N	U	U	Q	W	W	I	M	H	U	I	K	G	I
C	G	R	P	H	L	T	P	N	V	E	T	E	H	P
E	S	U	L	M	U	M	M	Y	C	A	V	E	H	S
E	P	I	I	N	O	S	R	A	C	T	I	K	X	B
R	O	N	F	S	N	T	M	D	E	R	C	A	S	U
H	R	S	T	B	Q	S	N	A	O	L	B	E	U	P
T	C	E	V	I	E	G	P	J	B	F	J	H	H	Z

CROPS	DEFIANCE UPLIFT	KIT CARSON
MUMMY CAVE	NAVAJO NATION	PUEBLOANS
RUINS	SACRED MTNS.	SPIDER ROCK
THREE CANYONS	TSEYI	WHITE HOUSE

Aztec Ruins
National Monument

```
G H E R I T A G E G A R D E N
R H C T I D S R E M R A F E Q
E R N Q U J Y M C Y U R M K D
A R C H E O A S T R O N O M Y
T D X I N E V S N N S Z E E A
H D Y Z I S M L O O J I M R A
O O H X K I H O I S V J D Y V
U I B W T R E O T A J B X V C
S W I I P R L T A M Y T J Q P
E O Y D O O L E R A N F A N L
Z H B V T M E N G M N G G W Q
L I I L L L T O I E G I N S H
W B T R N R X T M T I U M C D
U O F U C A A S L K H D K A X
D U S F K E W E S T R U I N S
```

ANIMAS	ARCHEOASTRONOMY	ARMIJO
AXTELL	EARL MORRIS	FARMERS DITCH
GREAT HOUSE	HERITAGE GARDEN	MASONRY
MIGRATION	STONE TOOLS	WEST RUIN

National Park
Animals Match-Up

Match the national park with its unique wildlife.

1. ____ Biscayne National Park

2. ____ Channel Islands National Park

3. ____ Yosemite National Park

4. ____ Kobuk Valley National Park

5. ____ Zion National Park

6. ____ Gates of the Arctic National Park

7. ____ Acadia National Park

8. ____ Isle Royale National Park

9. ____ Rocky Mountain National Park

10. ____ Lake Clark National Park

A. *GRIZZLY BEAR*

B. *SANTA CRUZ ISLAND GOPHER SNAKE*

C. *BIGHORN SHEEP*

D. *PRONGHORN*

E. *CHATTY RED SQUIRREL*

F. *AMERICAN BLACK BEAR*

G. *ARCTIC CHAR*

H. *WEST INDIAN MANATEE*

I. *PEREGRINE FALCON*

J. *CARIBOU*

Mesa Verde National Park

```
K H Y D S O J E C E G I V J H
V B A S K E T M A K E R S H A
G J E C A L A P F F I L C X X
P P F C H A P I N M E S A K R
H C L I F F D W E L L E R S E
L H Q P P Q H D O S B O A W S
W T E L P M E T N U S V N E E
S H P A R G O T C I P D G I A
C J M B W P U H H J I Y E V R
T B H I K R K D J F Q F R R C
U V S E S U O H T I P Q T A H
F K U K R S Y R I F R S O F C
M M E R E S E R V O I R U D T
I P U E B L O A N H E G R Y R
Q R E R Q H O J A F F O S T T
```

BASKET MAKERS	CHAPIN MESA	CLIFF DWELLERS
CLIFF PALACE	FAR VIEW	PICTOGRAPHS
PIT HOUSES	PUEBLOAN	RANGER TOURS
RESEARCH CTR.	RESERVOIR	SUN TEMPLE

Yucca House National Monument

```
L C K U N E X C A V A T E D U
F S A M U Z E T N O M U E T Y
O P X N Z N J G H T P F E Y L
L A F U P P E R H O U S E C L
T G X W L V A N K L E E C K U
T Z Z Z A O G R Q F B Y G Q R
J W O O D R O W W I L S O N J
S S R D K Q P C O M O F T A W
L E A F M E S A V E R D E V E
L C L V Y K A L I L U E O A D
L J Z R I L K T V W I I K J Y
N M P G W K U D A W N O R O W
M H K M K O V P F K S N Z Y K
B R S G N I R P S C E T Z A I
T I L X Z E T R O C J H W J J
```

AZTEC SPRINGS	CORTEZ	KIVAS
MESA VERDE	MONTEZUMA	NAVAJO
PUEBLO RUINS	UNEXCAVATED	UPPER HOUSE
UTES	VAN KLEECK	WOODROW WILSON

Canyonlands National Park

```
N E E D L E S U V W L X X M W
B I G H O R N S H E E P M M N
H R O C K A R T R L N Q A R E
Q O R T B C F G E H L Z Z Q S
S A D H S R E V I R N E E R G
Y Y X S P I R T R E V I R B N
N P Y R E L L A G T A E R G L
C O L O R A D O R I V E R F K
C D Y H E O E P E M V S M L U
V U S D A O R G N I N I M I H
Q A W H I T E R I M R D Z C T
J F S P M A C Y O B W O C L B
Y K S E H T N I D N A L S I P
V V W Q C G B N X A N G H L T
Z Z I X W L L Z W U F B X H J
```

BIGHORN SHEEP	COLORADO RIVER	COWBOY CAMPS
GREAT GALLERY	GREEN RIVER	ISLAND IN THE SKY
MAZE	MINING ROADS	NEEDLES
RIVER TRIPS	ROCK ART	WHITE RIM RD.

Arches National Park

```
Q G N I B M I L C R N G I F L
O K O E K E S C L E V T Q F Q
G C Y I Z B A N L D U H N P M
D O N C S Q N Q V R G R S U O
E R A H I S D V T O X E R G A
L D C E I R S A J C C E U W B
I E R D U Z T A U K F G O O F
C C E P P F O O L A D O T D A
A N I P F F N V I A L S O K U
T A R B D H E O E G H S T F L
E L R N D M A R N N Z I U I T
A A A M Q N L L K Z E P A M G
R B B V H W C J L W Q S W H X
C K E L E P H A N T B U T T E
H O Q D N A S U O H T O W T G
```

AUTO TOURS	BALANCED ROCK	BARRIER CANYON
CLIMBING	DELICATE ARCH	ELEPHANT BUTTE
JULIEN	MOAB FAULT	RED ROCK
SANDSTONE	THREE GOSSIPS	TWO THOUSAND

Colorado
National Monument

```
D N B V B K K A M A G K Y X X
U N A H M T I D O K G F N B U
M O C R I P S O G N W P I B P
U O K Y L R S T O I A F C F D
G M C V C I I T L N W M N C B
N E O I H C N O D R R H C O T
I H U L T K G N E I U F L K M
L T N G R L C H N M A W V E O
C F T Y U Y O O E R S S A O N
Y O R J O P U J A O O L A V O
C R Y R F E P T G C T I Y E L
D U S Z Y A L P L K Y H M N I
A O Q G L R E B E D H M B S T
O T W U N B H S R P H H R H
R Q C Y J C S I O R R N M X S
```

101

Black Canyon of the Gunnison National Park

```
N A R R O W G A U G E W R O E
F P P Y N I J S H K Q A I B I
U I A F E X P E D I T I O N S
Z N S T T Z S Q T K A B P B H
H Y S A G F W Q J B B O X O H
Z O E B T B S A L I D R Q H V
W N N M P A I N T E D W A L L
D P G A E N I L C I N E C S O
X I E R P T X J F A Z F C P T
B N R M P K O L B F W M S I G
O E T O F Q X T K D W I Z E A
T S R T D M G M I R H T R O N
Q T A S T R E S T L E H F H Q
N K I F I N G N O R R A M I C
F N N V S L K E W X A H Y E N
```

CIMARRON	DRG	EXPEDITIONS
KOLB	MARMOTS	NARROW GAUGE
NORTH RIM	PAINTED WALL	PASSENGER TRAIN
PINYON PINES	SCENIC LINE	TRESTLE

Curecanti
National Recreation Area

```
S V R R Y W D C Z G W A Y K T
C F S J N X J P A H B G S J P
I S H T R A E H Z S N K C Z B
M J S L B M D P X O D D I B L
U N R A F Z E S S E M V H B U
N N E V E R S I N K A A T H E
B V T R N A N A C N D U I K M
C Q N J O N Q P V O L P L E E
P W U Q U C Y T X M A O Y E S
V J H G V V K A N L T Q T R A
I M E S O U G I C A S Z J C C
G L M O R R O W E S Y K C E M
W Y A I E T H R N S R A L N O
N K G D Z Z X I W Y C N R I P
R J O G A C P Q I E B P X P K
```

BLUE MESA	CRYSTAL DAM	GAME HUNTERS
GUNNISON	HEARTHS	LITHICS
MORROW	NEVERSINK	NUMIC
PINE CREEK	ROCKIES	SALMON

Great Sand Dunes National Park & Preserve

```
F A T B I K I N G Z U M V N N
R Z T I O V O G J Y W R K Y J
W G G N I D R A O B D N A S H
N Z Y T T L D A E T S E M O H
H E R A R D W M Y I P T Q M J
N N K A W S K Y V I E W I N G
Q U K C F Y R E F I N O C I I
T D V S L A K U N F Z Q G H R
R R Q O P T T L Z E F R P V C
U A X M O T T L I G N H Z P U
J T S S N S S P K M H I R C Y
I S P H A F K R X A N Q Z F Q
L L E L D O O L C W K P Q M U
L N C S E G D I R T S R I F M
O H J H M R V O V U Y W Z N V
```

CONIFER	FAT BIKING	FIRST RIDGE
HERARD	HOMESTEAD	MEDANO
MILKY WAY	MOSCA	SANDBOARDING
SKY VIEWING	STAR DUNE	TRUJILLO

White River National Forest

```
T  S  E  N  S  E  L  G  A  E  W  D  V  K  F
L  W  T  S  P  O  T  T  A  L  F  L  H  N  Z
H  A  N  G  I  N  G  L  A  K  E  P  E  R  A
U  F  R  F  V  J  F  J  F  R  B  P  G  A  U
N  V  V  A  H  N  G  G  Z  D  S  R  J  V  I
X  K  I  H  I  G  H  H  A  A  N  K  W  Z  L
C  L  N  B  Q  U  U  T  E  T  R  A  I  L  O
L  A  G  C  R  Y  S  T  A  L  M  I  L  L  X
D  S  Z  U  U  Q  K  E  B  X  R  F  X  W  S
F  T  M  Q  O  E  B  J  H  E  L  P  H  X  A
K  A  I  L  L  N  T  R  A  P  P  E  R  S  J
L  C  D  K  A  F  G  S  K  I  M  I  P  K  P
O  B  D  E  T  I  S  I  V  T  S  O  M  P  N
Q  O  H  U  O  P  X  H  F  I  C  J  H  B  K
Z  B  X  G  S  L  L  E  B  N  O  O  R  A  M
```

ASPEN	BOBCATS	CRYSTAL MILL
EAGLES NEST	ELK	FLAT TOPS
HANGING LAKE	MAROON BELLS	MOST VISITED
TRAPPERS	UTE TRAIL	VAIL

Arapaho & Roosevelt National Forests

Match the correct answer to each clue.

1. ____ Number of reservoirs in the Arapaho & Roosevelt National Forests.

2. ____ Largest natural lake in Colorado.

3. ____ Popular Boulder recreation area surrounded by a glacially carved valley.

4. ____ Often found in Lake Granby.

5. ____ A favorite find for those who enjoy bird-watching.

6. ____ Colorado's only river with official designation as a Wild and Scenic River.

7. ____ A picturesque granite rock formation.

8. ____ Congress established the Arapaho National Recreation Area.

9. ____ The highest paved road in North America, reaching 14,130 feet above sea level.

10. ____ American flotation mill built in 1935 and used for mining.

A. GRAND LAKE

B. KOKANEE SALMON

C. CACHE LA POUDRE

D. FIVE

E. SANTIAGO MILL

F. MT. EVANS SCENIC BYWAY

G. 1978

H. OSPREY

I. SLEEPING ELEPHANT

J. BRAINARD LAKE

Rocky Mountain National Park

```
S Q N C O N T D I V I D E S E R
R D T R A I L R I D G E R D N
E Z R K S H Z U U T Q N T S O
I P A L P I N E Y J F I W H S
C R B P I R Z K Q X C W I F M
A O E X N Y L A D A N A C O I
L S M O N T A N E Y W F X R L
G P G D O G P P Z C F L C N L
L E N I P L A B U S M L T O S
L C S W O D A E M R E V A E B
C T N D Z E B I R T E T U Q K
H O L Z W A R T H S I T E N M
X R P Z O T V G Z D M R C J Q
E S N R W F X U T D E C M A U
X E A S R G C M R I J U R I O
```

ALPINE	BEAVER MEADOWS	CANADA LYNX
CONT. DIVIDE	ENOS MILLS	GLACIERS
HOLZWARTH SITE	MONTANE	PROSPECTORS
SUBALPINE	TRAIL RIDGE RD.	UTE TRIBE

Bent's Old Fort
National Historic Site

```
V  J  S  F  A  D  O  B  E  T  W  W  R  A  E
B  K  E  L  Y  D  C  Z  E  S  O  V  C  I  I
D  U  B  I  R  A  A  A  Z  E  X  B  K  E  I
L  R  O  A  O  R  S  R  R  W  T  E  I  I  A
E  Y  R  R  T  K  T  E  R  E  R  N  B  O  P
O  D  O  T  S  A  L  L  O  H  A  T  N  I  I
Q  F  L  E  I  N  E  O  I  T  D  S  L  G  C
I  X  A  F  H  S  O  H  K  F  I  T  C  Z  H
O  U  F  A  G  A  F  C  V  O  N  V  Y  Q  E
H  U  F  T  N  S  P  O  E  Y  G  R  G  K  Y
A  J  U  N  I  R  L  K  L  M  P  A  O  W  E
P  U  B  A  V  I  A  O  Y  R  O  I  L  K  N
A  M  F  S  I  V  I  V  J  A  S  N  S  H  N
R  E  S  F  L  E  N  N  V  J  T  C  T  B  E
A  U  H  L  G  R  S  T  F  V  H  O  A  U  Q
```

ADOBE	ARAPAHO	ARKANSAS RIVER
ARMY OF THE WEST	BENT ST. VRAIN CO.	BUFFALO ROBES
CASTLE OF PLAINS	CHEYENNE	CHOLERA
LIVING HISTORY	SANTA FE TRAIL	TRADING POST

Great American Public Lands Road Trip #5
The Western States

NEVADA

CALIFORNIA

HAWAI'I

Great Basin National Park

```
R X S Q G A H B V E B Y Q C Q
B S E S A T C X K N Y C N D T
X E B E T A R E R I X F B S U
C E I V H R A T A P C K L U O
D R R A E B N U P E G A X E R
R T T C R O O I Y N E E X H T
Z T E N P R T A K O R P K T T
K S V A I G G P S C U R Z E A
O E I M N L N Y K E T E P M O
X D T H E Y I R R L P L M O R
W L A E N P X M A T Y E Y R H
N O N L U H E N D S I E Y P T
E O D B T S L G W I L H P X T
N Y V V S I R H V R A W J P U
T D U D R T C H W B D V K C C
```

ARBORGLYPHS	BRISTLECONE PINE	CUTTHROAT TROUT
DARK SKY PARK	GATHER PINE NUTS	LEHMAN CAVES
LEXINGTON ARCH	NATIVE TRIBES	OLDEST TREES
PAIUTE	PROMETHEUS	WHEELER PEAK

110

Lake Mead
National Recreation Area

```
M S X Y P H Q Y Y W N L Q B O
S R A I N B O W T R O U T T P
O R L A K E M O H A V E K H H
S T Z D N O Y N A C T O L S T
O T H O O V E R D A M R V N D
U S C O L O R A D O R I V E R
N S C M V E Z M D R S K D D Q
D L I A R T D A O R L I A R J
S C W A T E R S K I I N G E D
C L K M R M X I O H C W C Y Y
A G D Z B T W E N T Y N I N E
P S A L U T N A R A T G A W D
E J F S E P Y N L Q D Q A A P
S A M O H T T S A U P F H Q C
T E L B I B N A L A D I O D G
```

ALAN BIBLE	B TWENTY-NINE	COLORADO RIVER
HOOVER DAM	LAKE MOHAVE	RAILROAD TRAIL
RAINBOW TROUT	SLOT CANYON	SOUNDSCAPES
ST. THOMAS	TARANTULAS	WATERSKIING

Havasu
National Wildlife Refuge

```
Q  G  R  S  C  H  T  J  I  D  L  V  O  A  X
T  B  R  I  P  A  R  I  A  N  G  E  H  H  P
C  R  E  T  S  N  O  M  A  L  I  G  S  P  A
R  V  D  L  Y  O  U  D  E  W  I  I  M  K  C
E  O  F  J  H  H  U  T  H  G  Q  L  A  Q  I
O  F  C  B  Q  A  B  T  B  N  B  O  R  C  F
S  D  W  A  S  K  G  U  H  T  Q  P  K  F  I
O  P  V  E  T  T  C  Q  I  D  I  O  T  S  C
T  U  O  R  M  U  M  O  Y  M  I  R  L  L  F
E  W  C  P  E  W  D  L  P  L  B  K  Q  L  L
F  G  B  I  G  H  O  R  N  O  L  A  E  B  Y
P  N  B  I  R  D  H  A  B  I  T  A  T  I  W
H  Y  N  A  H  M  A  D  R  E  V  O  O  H  A
L  W  O  F  R  E  T  A  W  B  U  S  A  H  Y
G  N  I  T  N  U  H  E  M  A  G  G  I  B  I
```

BEAL	BIG GAME HUNTING	BIGHORN
BIRD HABITAT	CREOSOTE	GILA MONSTER
HOOVER DAM	PACIFIC FLYWAY	RIPARIAN
SOUTH DIKE	TOPOCK	WATERFOWL

Joshua Tree National Park

Across

3 Woman who fought to protect desert landscapes, especially the Joshua Tree area.

8 Popular spot for rock climbers and campers known for its Mojave yuccas and shrubs.

9 Joshua Tree became a national park as a result of the ___.

11 Native peoples such as the ___, Chemehuevi, and Cahuilla occupied this land.

12 California's state reptile, which can be found in the park.

Down

1 First group known to occupy Joshua Tree.

2 Rock formation resembling a part of the body.

4 Popular viewing spot of Coachella Valley.

5 Travel on dirt roads to view large Joshua trees in this area.

6 The Colorado and ___ Deserts meet in Joshua Tree National Park.

7 Popular spot that provided water and allowed for the cultivation of crops.

10 Cottonwood Spring was a source of ___ for those traveling from Mecca to northern gold mines.

Mojave
National Preserve

```
Q U E L X W D O V J V F H X I
O V K J X H M M C I M A X K O
W J W S E N I M K I E Q F E J
J E A E D P E H V N T K S L P
H O L E I N T H E W A L L S B
Z E O R R X X Q S W W L I O X
Z J Z T T E U T O N I A S Y X
Y R O A X A C Z B Z U V B U K
Z Y U U D G N M F T F A H C B
X J V H U T R Y R L Y F L C W
G Z T S N C H A U R G L J A Y
Y O J O E F T A N S E O K L K
Q H A J S G O A O I O W M K R
E N O C R E D N I C T S T X C
S F G K F X S Y Y X U E C Z E
```

CIMA	CINDER CONE	DUNES
GRANITE	HOLE IN THE WALL	JOSHUA TREES
KELSO	LAVA FLOWS	MINES
TEUTONIA	YUCCA	ZZYZX

Channel Islands National Park

```
K G S A N C T U A R Y U F S C
Z A P A C A N A Y B K W M E N
D Q C J J Z K L I K A E R N A
L E Z U R C A T N A S V L I N
D X L G S O J N J S N Z D P O
P T L Q W H O H W L A I N Y L
S V D U L Z S A N M I G U E L
E Y J S A N T A B A R B A R A
A S C O R P I O N U D D V R B
C R O O Z S O D I Q A E K O Y
A H N C M D I Z V Y I K A T Q
V L W E L O F N B Z U V Z Y T
E C S A N T A R O S A Q N Z B
S S P O I N T B E N N E T T T
E F Y J S E L A H W K Q G R E
```

ANACAPA	KELP	POINT BENNETT
SANCTUARY	SAN MIGUEL	SANTA BARBARA
SANTA CRUZ	SANTA ROSA	SCORPION
SEA CAVES	TORREY PINES	WHALES

Pinnacles National Park

```
S  U  X  R  O  D  N  O  C  P  V  H  S  Y  C
C  J  W  F  H  C  M  Y  P  X  W  T  R  W  C
I  H  I  G  H  P  E  A  K  S  A  C  P  N  O
N  W  Z  D  E  E  C  H  A  P  A  R  R  A  L
O  U  P  S  E  O  N  A  C  L  O  V  O  C  F
T  E  V  A  C  S  E  I  N  O  C  L  A  B  B
C  Q  K  S  S  B  L  K  G  M  C  G  V  B  E
E  E  D  U  H  Y  E  C  P  K  Y  B  F  O  A
T  T  L  K  B  J  J  J  Y  D  L  K  P  I  R
E  A  H  A  N  Q  P  O  N  I  A  H  W  U  G
T  G  T  Q  F  U  F  I  A  E  C  M  U  G  U
A  S  M  I  S  S  I  O  N  A  R  I  E  S  L
L  L  W  O  O  D  P  E  C  K  E  R  S  A  C
P  A  H  S  W  E  X  T  M  K  H  K  U  W  H
H  Q  S  A  K  J  D  T  O  S  S  H  P  G  R
```

BALCONIES CAVE	BATS	BEAR GULCH
CHAPARRAL	CONDOR	HAIN
HIGH PEAKS	MISSIONARIES	PLATE TECTONICS
TALUS	VOLCANOES	WOODPECKERS

Eugene O'Neill
National Historic Site

```
D R N T B Z L P X P F T X A F
Z Y O D L E V Y E C U N K M L
X O H Q U C U S C B E O Q A B
G A M N E E I R E B H B Y N A
M L A U C F Q R B E L E D U R
W N S S E A C R L P U L B T N
M M K U I U R L B Y L P P A E
Z Y S L L X I L D V A R U O F
F P Y O I V T G O P Z I L H T
V L S I N Y W Y J T K Z I O V
E I D A G Y U C P W T E T U S
S L D C S H R V H L K A Z S R
N C W Z N M O S U L A A E E U
T H G I R W Y A L P D Y R J O
W Z B U W V T T X R P J S T T
```

BARN	BLUE CEILINGS	CARLOTTA
DANVILLE	NOBEL PRIZE	NOH MASKS
PLAYWRIGHT	PULITZERS	SIXTY PLAYS
TAO HOUSE	TOURS	TUBERCULOSIS

Golden Gate National Recreation Area

Across

1 Location of Jessie Benton Fremont's abolitionist salon in 1860.

4 Cold War museum located in the Marin Headlands.

7 Visitors can see migrating whales at ___ during the winter.

9 African American who was imprisoned at Alcatraz for openly opposing WWI.

10 GGNRA's only beach with active lifeguards.

Down

1 GGNRA is a designated _____ to protect its biodiversity and ecological systems.

2 Mohawk Indian activist who led the occupation of Alcatraz to fight for the island's deed.

3 The GGNRA is home to 44 species of __.

5 Oceanfront resort established in 1863 that overlooks Seal Rocks.

6 Previously a penitentiary, military reservation, and site of Red Power movement protest.

8 Saltwater and freshwater pools with a public bathhouse made in 1894.

John Muir
National Historic Site

```
Y Q I B H C Z R Z R G R E Q A
I T S I L A R U T A N T T M T
F F D K X U S T C U G A A W S
U F W H N H P B T K H J N R O
S S B Y S T T H Y L R J A U C
H S C R I B B L E D E N I I A
C M K S T E N T Z E L N L K R
N E B O D A Z E N I T R A M T
A E E T I S E V A R G X T Q N
R G V S L O A W B R P C I R O
T N A T I O N A L P A R K S C
I U P T N A I R O T C I V W O
U M J M T W A N D A J W A R K
R S I E R R A C L U B P R E S
F D C P Z V H J M H O P Y Z B
```

CONTRA COSTA	FRUIT RANCH	GRAVESITE
ITALIANATE	MARTINEZ ADOBE	MT. WANDA
NATIONAL PARKS	NATURALIST	SCRIBBLE DEN
SIERRA CLUB PRES.	STENTZEL	VICTORIAN

Urban National Parks and Monuments

```
R  K  E  E  R  C  K  C  O  R  C  Z  V  C  Y
H  J  F  K  B  I  R  T  H  P  L  A  C  E  P
W  K  P  S  T  A  N  T  O  N  S  S  N  M  F
D  E  B  V  Z  V  Y  K  S  P  J  J  U  E  E
B  B  L  E  V  Z  Z  W  O  M  L  U  I  M  D
F  O  R  T  W  A  S  H  I  N  G  T  O  N  E
W  H  I  T  E  H  O  U  S  E  D  I  Q  L  R
A  L  L  A  M  L  A  N  O  I  T  A  N  O  A
M  J  T  N  W  P  B  A  V  P  R  G  E  C  L
O  N  B  S  I  X  X  S  W  P  D  V  H  N  H
E  T  A  G  N  E  D  L  O  G  L  C  C  I  A
D  W  O  R  B  U  N  K  E  R  H  I  L  L  L
F  L  A  D  Y  L  I  B  E  R  T  Y  B  E  L
I  W  K  N  F  O  R  T  P  O  I  N  T  Q  I
F  O  P  E  X  T  D  S  B  N  V  U  F  H  X
```

BUNKER HILL	FEDERAL HALL	FORT POINT
FORT WASHINGTON	GOLDEN GATE	JFK BIRTHPLACE
LADY LIBERTY	LINCOLN MEM.	NATIONAL MALL
ROCK CREEK	STANTON	WHITE HOUSE

120

Redwood National Park

True or false?

1. Redwood National Park is home to the largest tree in the U.S.

☐ *True*
☐ *False*

2. The discovery of gold near the Trinity River in 1848 caused an influx of people to the area.

☐ *True*
☐ *False*

3. The Yurok and Tolowa used redwood trees in the area to build canoes and lodges.

☐ *True*
☐ *False*

4. Redwoods in this area were never threatened by logging.

☐ *True*
☐ *False*

5. Redwood National Park was established in 1968.

☐ *True*
☐ *False*

6. The species found in the tide pools around the park are very diverse.

☐ *True*
☐ *False*

7. The park does not play a role in saving the California condor from extinction.

☐ *True*
☐ *False*

8. Members of the Tolowa and Yurok tribes present dance demonstrations at Redwood National and State Parks.

☐ *True*
☐ *False*

9. Redwood National Park educates through its Howland Hill Outdoor School.

☐ *True*
☐ *False*

10. Redwood National Park is home to two historic orchards.

☐ *True*
☐ *False*

Lassen Volcanic National Park

```
M R A Y E L L A V R E N R A W
H F U M A R O L E S M Z U C F
N Y B S L D A X B O S A D U L
F S V Y X X U R V Y Z S O K B
T P A A A O O Z T S P E W G W
C A P H Z K F I B A L N A J X
J G J I E M H D P P U U P J T
S R I O V R E S E R G D N O R
G P F D L Y Q V P R D D V G X
Q F B T K P E P O B O E D V T
L M A N Z A N I T A M T F Z Q
H H A R E S J I V X E N Y Q O
W U Z J A L O O M I S I E B L
X B U T T E L A K E P A F L N
Q C H A H U B Y B I C P D Q S
```

BROKEOFF	BUTTE LAKE	FUMAROLES
HARES	LOOMIS	MANZANITA
PAINTED DUNES	PLUG DOME	RED FOX
RESERVOIRS	WARNER VALLEY	YAHI

Eldorado National Forest

```
W  I  N  D  S  U  R  F  I  N  G  O  T  Y  F
R  G  M  O  K  E  L  U  M  N  E  R  Z  D  S
I  K  G  A  I  R  E  E  E  F  A  I  S  C  A
V  I  D  N  M  G  O  B  E  V  X  R  R  V  D
P  K  J  N  I  L  A  Y  E  C  C  Z  E  S  A
V  L  N  R  X  H  Q  R  C  S  G  X  W  E  V
P  A  E  O  F  D  S  R  U  P  L  Q  O  L  E
I  J  X  M  I  E  F  I  X  Z  A  C  L  P  N
Y  G  J  W  C  T  T  M  F  X  C  L  F  A  A
D  V  A  R  U  N  A  A  Q  F  I  I  D  C  R
Q  L  E  J  I  B  U  L  Q  B  A  K  L  Y  R
X  E  M  P  S  F  C  E  O  G  L  D  I  U  E
K  B  L  E  Z  Z  C  X  S  S  N  Z  W  C  I
S  Z  D  F  Q  I  Z  U  Y  B  E  R  I  K  S
V  W  K  Y  G  N  I  R  A  E  B  D  L  O  G
```

CAPLES	DESOLATION	FIR
FISHING	GLACIAL	GOLD BEARING
MOKELUMNE	SIERRA NEVADAS	SKI
TRAVERSE CREEK	WILDFLOWERS	WINDSURFING

Yosemite
National Park

Across

4 Yosemite National Park includes part of the Sierra Nevada ___ chain.

5 In 1984 Yosemite was designated a World Heritage ___ by UNESCO.

6 In 2015 Yosemite opened the Merced ___, allowing kayakers to paddle the portion of the river that runs through designated parklands.

7 The Tioga ___ runs through Yosemite and is almost 9,950 feet in elevation.

9 Yosemite is in northern ___.

10 Yosemite Falls measures 2,425 feet and is the tallest waterfall in all of North ___.

11 Yosemite is famous for its waterfalls, granite cliffs, and groves of giant sequoia ___.

Down

1 Seven contemporary ___ American tribes descend from the people who originally inhabited what is now Yosemite National Park.

2 When frazil ice forms in the creeks of Yosemite the ___ looks more like slush.

3 President Theodore __ visited Yosemite in 1903, and his meeting with John Muir helped convince him to preserve parklands.

5 Much of the terrain at Yosemite was created by glaciers—large, long-lasting ice masses created by the accumulation of ___.

8 The Lyell Glacier is the ___ in Yosemite.

12 Half Dome is one of the most famous ___ formations at Yosemite and has a trail with steel cable handholds that leads to the top.

Sierra National Forest

```
U W D F L U F H P C W U N Q L
C S S J J M L E A I C V E D E
C H V O Y O O A N C O L C W W
F E V H A L R N S P N O T H I
J K D N M C A U E E Q A S I S
X A I M T C N W L E R I E T C
E L C U S X C D A C B R R R E
Q S M I J E E Y D O V E C W E
O S H R N R J T A N Y H C A E
O A K R G H R B M I L C I T K
X B G R Y C T H S F W N F E S
J T O X E O E P G E Z A I R J
D V E D I S O N V R O R C K U
E Q F H N G U Q H S P V A X L
R N T N I O P K C A L B P X H
```

ANSEL ADAMS	BASS LAKE	BLACK POINT
CONIFERS	EDISON	FLORANCE
JOHN MUIR	LEWIS CREEK	NELDER GROVE
PACIFIC CREST	RANCHERIA	WHITEWATER

Kings Canyon National Park

```
C  C  Y  T  O  P  D  Y  B  Z  C  M  W  E  R
H  K  F  U  L  K  O  X  G  R  A  N  T  L  T
A  R  N  B  Y  K  J  A  L  V  G  P  E  J  I
R  E  M  A  U  D  C  W  Z  A  S  N  C  W  U
L  V  Q  T  X  N  M  I  J  T  I  W  E  A  O
E  I  S  U  S  O  J  O  E  T  E  E  D  N  E
S  R  O  L  G  R  I  J  N  Q  R  S  A  S  D
Y  S  X  A  I  T  N  E  O  S  R  T  R  A  G
O  G  C  B  R  H  S  P  D  T  A  E  G  I  I
U  N  Q  A  D  D  P  P  K  L  N  R  R  O  K
N  I  E  L  N  O  T  E  X  A  E  N  O  U  T
G  K  N  A  U  M  P  Z  F  W  V  M  V  Q  A
D  V  R  S  X  E  Q  F  K  M  A  O  E  E  Y
P  G  Y  C  J  W  M  U  L  U  D  N  H  S  U
K  M  U  J  P  P  M  H  M  Z  A  O  S  I  K
```

CEDAR GROVE	CHARLES YOUNG	GRAND SENTINEL
GRANT	KINGS RIVER	NORTH DOME
SEQUOIAS	SIERRA NEVADA	TUBATULABAL
WESTERN MONO	YOKUTS	ZUMWALT

Sequoia National Park

Across

1 Civilian superintendent of the park and leader of the Nature Guide Service.

3 President Calvin Coolidge declared this tree the "Nation's Christmas Tree" in 1926.

5 Location of some of the oldest and largest trees on Earth.

9 World's largest tree, found in the Giant Forest.

10 Visit Sequoia National Park's very own marble cavern, called __.

11 Sequoia National Park was the __ official national park in the U.S.

Down

2 Due to the dryness of summers in California, many trees have __ in their rings.

4 Military superintendent who made great progress bringing accessible roads to the park.

6 __ advocated for the park's expansion and saw Congress triple its size in 1926.

7 Sequoia National Park's sister park located in Cambodia.

8 Highway named after the park's most-famous and largest sequoias.

César E. Chávez National Monument

```
G  C  E  J  E  J  T  D  R  C  B  E  E  R  C
U  D  S  F  Q  H  A  Y  I  N  D  Q  P  A  Y
W  N  T  E  N  O  F  O  R  E  W  O  P  A  F
G  Q  I  F  J  J  N  V  U  F  F  S  C  P  D
N  Q  I  O  D  V  W  P  C  F  Y  K  I  G  N
L  A  T  I  N  O  E  T  J  N  U  F  W  Q  G
X  L  U  U  H  S  I  S  M  A  Q  Z  F  J  R
Z  O  L  Y  I  L  Y  L  H  O  O  N  A  M  A
M  F  H  S  H  U  I  H  U  E  R  T  A  J  V
M  E  M  O  R  I  A  L  G  A  R  D  E  N  E
T  M  M  V  F  A  R  M  W  O  R  K  E  R  S
Z  Y  M  T  F  D  N  D  T  Z  A  P  A  L  I
M  O  F  M  D  J  S  T  N  A  R  G  I  M  T
C  M  I  T  L  I  O  N  G  Y  Y  Q  O  K  E
Z  H  C  K  Y  H  H  M  S  O  U  V  N  V  B
```

FARMWORKERS	GRAVE SITE	HUERTA
ITLIONG	LA PAZ	LATINO
MEMORIAL GARDEN	MIGRANTS	POWER OF ONE
SI SE PUEDE	UFW	UNION

128

Death Valley National Park

```
B S T A R W A R S N D P L D J
E Z I N K R W W S S S D O E A
L S M I N I N G X N Q Q S R B
O T B X X A R O B W R Z T T A
W A I D L T X E Y O J I F W D
S L S E M G G R G T S P O E W
E F H A U Q Q S V T R F R N A
A T A G G D C Y S S M E T T T
L L L I K O G D Z O W S Y Y E
E A Y V T P R O X H U Q N M R
V S S T Z I B R U G E I I U B
E S Y X V L X I Q L M O N L A
L S T E J I B B P J B Z E E S
U S B Y Q C A O J H S V R S I
F B H E B G Z W C I Z L S K N
```

ARTIST'S DRIVE	BAD WATER BASIN	BELOW SEA LEVEL
BORAX	GHOST TOWNS	LOST FORTY-NINERS
MINING	SALT FLATS	SCOTTY'S
STAR WARS	TIMBISHA	TWENTY MULES

Manzanar
National Historic Site

Across

2 Manzanar was an American __ built during WWII.

4 Japanese Americans were classified as __ by the Selective Service in 1942.

5 The attack on __ resulted in the U.S. entering WWII and heightened racial tension.

9 __ were incarcerated at Manzanar from 1942 to 1945.

11 Internees lived in terrible conditions due to the harsh __ climate.

12 Owens Valley __ occupied Manzanar until 1863, when they were forcibly removed by the U.S. Army.

Down

1 Internees at Manzanar published their own newspaper, called the __.

3 About __ of the Japanese Americans at Manzanar were American citizens.

6 A section of the park that includes a mess hall, women's latrine, and two barracks.

7 The Manzanar __ Project archives the voices and histories of Japanese Americans.

8 The people relocated from Manzanar in 1863 were escorted to__.

10 __ signed the order that any perceived threat to the war effort would be moved to a military area.

Inyo
National Forest

```
A B M F R M O N O N I S A B C
W R D A Z L X M B O H V Q A U
B I E U S R O W S Y K A S S L
B S A D K V F W E E L L E Y H
H T L R L E X D R N Q G O M K
S L Y K O A F P V T U I N A B
S E E R T H C R A I R T A P T
E C Z Z C B I Q T H Y J C E W
K O B C S M W M O W V U L R P
A N H D D B P G R M P I O K W
L E T F G U Y P Y S B X V O Z
O E I K W O D A E M S D E R X
N J G S C H U L M A N T F U J
O W D M A M M O T H L A K E S
M Q Z B I G H O R N S U B L D
```

BASIN	BIGHORN	BRISTLECONE
CALDERA	MAMMOTH LAKES	MONO LAKE
OBSERVATORY	PATRIARCH TREE	REDS MEADOW
SCHULMAN	VOLCANOES	WHITNEY

131

Hawai'i Volcanoes National Park

```
H  S  W  V  C  J  V  A  Y  S  J  U  Z  Q  Q
U  F  V  K  X  S  S  A  E  U  A  L  I  K  O
Q  I  E  E  K  A  L  Z  X  K  X  I  H  Q  H
R  C  H  A  I  N  O  F  C  R  A  T  E  R  S
E  P  U  K  U  H  A  K  B  R  B  N  X  J  C
Y  E  V  I  T  C  A  T  S  O  M  W  U  N  S
B  K  M  U  A  B  R  A  O  L  A  N  U  A  M
Y  G  V  V  O  N  F  A  T  X  H  D  X  Q  M
A  R  F  A  L  A  V  A  T  U  B  E  Y  G  C
D  L  G  B  U  B  P  K  A  E  V  G  C  N  K
C  Z  A  V  U  M  J  L  X  B  R  R  Q  A  S
M  C  R  H  P  P  A  M  T  U  Q  R  A  Q  K
W  H  J  N  O  L  Z  U  S  K  R  U  I  O  G
W  K  F  H  A  K  C  V  Z  L  E  B  A  M  K
S  K  G  I  V  G  C  G  T  A  M  A  E  Y  K
```

CHAIN OF CRATERS	CRATER RIM	HUALĀLAI
KA'AUEA	KAHUKU	KĪLAUEA
KOHALA	LAVA TUBE	MAUNAKEA
MAUNA LOA	MOST ACTIVE	PU'U LOA

Haleakalā
National Park

```
L O T G T B Y Y A U T K W P T
I L C S U R K E N E N I C H R
A A R Z U I N N P F G P S I E
R G A O M A O Q O S X A U K S
T O T A Y D I F L I G H N I E
I B E Z B M T L Z J I U R N D
A I R T O A A G F J J L I G R
W E V M N F T X I C N U S A E
I S W B R I S C C V I E H D
P Q Z E J J R N F Z Q A S U N
I O T S N V A Y T Z H L U P I
P A O P R C D W A A U L N U C
W E N A C R A G U S Z E S A O
G K L Y R U R K J T J Y E A K
M E Q O L F T K D Z Z S T R Y
```

AHUPUAʻA	CINDER DESERT	CRATER
GOBIES	HIKING	KIPAHULU VALLEY
NENE	PIPIWAI TRAIL	RADAR STATION
SUGARCANE	SUNRISE SUNSET	WATERFALLS

Kalaupapa
National Historical Park

```
E  X  S  T  I  Z  X  E  L  B  A  R  U  C  P
Z  X  H  Z  H  Y  Y  A  U  K  O  K  A  N  I
J  Z  C  U  Q  C  E  M  E  T  E  R  I  E  S
G  U  I  D  E  D  T  O  U  R  S  G  M  J  R
C  B  V  N  E  I  M  A  D  R  E  H  T  A  F
R  J  O  N  A  T  H  A  N  N  A  P  E  L  A
I  C  E  Q  T  V  A  T  K  Y  N  M  C  L  Q
V  E  G  B  J  D  C  W  A  B  L  J  J  T  T
Z  Y  P  I  A  K  O  L  O  M  R  O  T  Q  Y
S  E  I  N  O  L  O  C  R  E  P  E  L  S  N
H  A  N  S  E  N  S  D  I  S  E  A  S  E  B
F  M  U  L  E  R  I  D  E  S  K  A  D  Y  E
F  K  I  S  O  L  A  T  I  O  N  E  Y  U  G
L  H  M  C  A  B  X  B  C  R  X  I  D  E  S
U  S  B  O  O  K  S  T  O  R  E  K  N  T  Y
```

BOOKSTORE	CEMETERIES	CURABLE
FATHER DAMIEN	GUIDED TOURS	HANSEN'S DISEASE
ISOLATION	JONATHAN NAPELA	LEPER COLONIES
MOLOKA'I	MULE RIDES	NA KOKUA

Pearl Harbor
National Memorial

```
G Z E B Y V J H J B R S M H A
I S T Q Z I P I V A J D Q F O
S F C E B R Z H F T U V F Z L
U E N R U T K G A T K Z T N U
B P I K N U L K Z L Z D Y N U
M E F K K A H U Y E D U T O P
A I W Z E L P S F S N E T I L
R V O U R R A S F H A A J T Q
I B B C C E A A I I L L I A C
N N S E O A M R N P S G B I Z
E D S N I L N I F C I F E V O
D B U V L I X Z A H D S O A L
N L Z X P T T O M T R E H I Y
P K H L P Y H N Y L O U N P K
I C Y R C M G A C I F T D Y P
```

AVIATION	BATTLESHIP	BUNKER C OIL
FDR	FORD ISLAND	INFAMY
O'AHU	PU'U LOA	SUBMARINE
USS ARIZONA	USS BOWFIN	VIRTUAL REALITY

Great American Public Lands Road Trip #6
The Northwestern States

ALASKA

WASHINGTON

MONTANA

OREGON

IDAHO

WYOMING

Olympic National Park

```
X  H  G  B  F  O  Z  E  T  T  E  L  O  O  P
Y  O  B  K  B  A  C  K  P  A  C  K  I  N  G
M  H  G  F  M  E  T  S  Y  S  O  C  E  G  J
I  R  N  J  S  J  P  K  M  S  E  B  M  N  Y
E  I  I  U  L  Y  M  T  O  L  Y  M  P  U  S
S  V  L  A  K  E  C  R  E  S  C  E  N  T  Q
H  E  O  J  Z  P  H  U  Z  C  T  U  Q  A  T
A  R  O  A  L  U  S  N  I  N  E  P  L  U  R
H  D  P  W  N  O  I  T  P  E  C  E  D  T  M
F  X  E  T  O  C  S  E  N  U  Q  H  K  I  X
Q  A  D  O  R  G  N  I  T  A  O  B  Y  P  R
R  A  I  N  F  O  R  E  S  T  C  T  Q  Y  T
B  C  T  A  Y  M  R  O  I  Q  O  Y  B  A  F
U  T  I  U  C  P  Y  E  D  D  U  T  K  W  F
Q  M  A  G  F  G  W  I  D  O  U  W  Z  E  R
```

BACKPACKING	BOATING	ECOSYSTEM
HOH RIVER	LAKE CRESCENT	MT. DECEPTION
MT. OLYMPUS	OZETTE LOOP	PENINSULA
RAINFOREST	TIDE POOLING	UNESCO

National Historical Parks

Across

2 The simple beauty of the Vietnam Veterans ___ makes a moving tribute to the men and women who served in the Vietnam War.

5 The Liberty ___ is preserved at Independence National Historical Park in Philadelphia.

6 The Women's Rights National ___ Park tells the story of the first women's rights convention, held in 1848.

8 The Wright ___ National Memorial marks the site where Orville and Wilbur Wright achieved the first successful airplane flights.

10 The Trail of ___ National Historic Trail commemorates the survival of the Cherokee people, who were forced to leave their homelands.

11 Harriet Tubman risked her life to guide enslaved people to ___; she is honored at the Harriet Tubman Underground Railroad National Historical Park.

Down

1 The USS *Constitution* is the oldest navy warship still on the ___, and it's located in the Charlestown Navy Yard.

3 Visitors to the Colonial National Historical Park in Virginia learn about Jamestown, the first permanent ___ settlement in America.

4 Considered a sacred space by many Native ___, the Effigy Mounds National Monument preserves over 200 large earthen mounds.

7 The Manzanar National Historic Site memorializes the harrowing experiences of more than a hundred thousand Japanese Americans who were detained in military-style ___ during World War II.

9 The African Burial Ground National Monument is a sacred site where free and ___ Africans were laid to rest.

North Cascades National Park

```
D V E S D H S S V U X Y S V M
Z Q R B U X T E D T X I K M I
E L A H A S E G P F E Q A D N
Q X F G C M H R T C V N G Q I
O K X Z C I E O Q M A Q I W N
O E S N W K K G S O O N T N G
L R Y Y P R I Q W C W B A N N
B O O I C A N L G P G L T O G
A U H S Q X S N Y T E X H T G
I A F L S T M T D H N W M N L
D C G O A L E Z C Q I B R R D
E B H M K Y A L P I N E F O M
Y E X H A P D K Z F C Y W H W
W H P U N Z Y D E P C B T T X
Y I O X H P H L Q B O H M E Y
```

ALPINE	CHELAN	DIABLO
GORGES	KEROUAC	MINING
OWLS	ROSS LAKE	SAHALE
SKAGIT	STEHEKIN	THORNTON

Mt. Baker-Snoqualmie National Forest

```
G Y B T I F B V F B N T B U O
L O G G I N G G X A V W A I S
A P K H Q W L H H J I D S X K
C I K T X Y U S Y W Q J A J A
I V A H T P L P K W I V L J G
E Y P Q C U U F X I M S T H I
R D Q U K P U S A S X N T U T
P P H A B V O L C A N O E S W
E Z M S E D A C S A C U R G I
A O W J U L R P B S O W M V L
K P A C I F I C C R E S T V D
V P P R E T A W R A E L C V N
N I S R Q T T L E V E S O O R
C Y S R B A K E R L A K E Y L
W V U T E G S T U O K O O L P
```

BAKER LAKE	BASALT	CASCADES
CLEARWATER	GLACIER PEAK	KOMA KULSHAN
LOGGING	LOOKOUTS	PACIFIC CREST
ROOSEVELT	SKAGIT WILD	VOLCANOES

Glacier
National Park

```
M  S  T  Y  Q  F  G  D  L  U  Z  U  E  V  E
S  E  C  H  I  F  X  L  O  U  R  R  S  S  O
U  O  Z  Z  T  E  G  A  G  N  Z  G  L  X  C
B  J  W  Y  P  K  O  N  A  W  S  B  E  I  E
R  R  H  G  O  B  I  O  N  P  E  A  R  U  N
U  E  I  Z  L  T  N  D  P  S  R  L  V  L  V
O  M  T  L  E  E  G  C  A  A  I  D  D  K  B
T  M  E  W  B  E  T  M  S  V  F  E  H  B  H
D  A  F  S  R  F  O  E  S  S  D  A  C  E  Y
E  J  I  T  I  K  T  K  W  K  L  G  U  X  O
R  D  S  S  D  C  H  A  I  F  I  L  L  K  X
R  M  H  B  G  A  E  L  I  A  W  E  D  Y  S
F  A  J  C  E  L  S  H  W  T  W  S  M  U  J
M  Y  C  V  J  B  U  S  H  I  M  M  Q  X  H
O  C  H  Z  D  L  N  N  S  J  H  V  R  Q  J
```

BALD EAGLES	BLACKFEET	CCC
GOING TO THE SUN	JAMMER JOE'S	LAKE MCDONALD
LEWIS	LOGAN PASS	POLE BRIDGE
RED TOUR BUS	WHITEFISH	WILDFIRES

Nez Perce-Clearwater National Forests

```
Q A R M F Z Y X V Y N M M N Z
X W S N O R T H F O R K O P Z
I E M H O N W U U A P Y N K R
K I L A C S H Q I P N E L N M
Y R O U G O N C Q A D B R U T
S C L I U R L H C E Z Y L N U
E R O F Z Q U S O R B E M O S
L E P P B O L D W J D C C R L
W E A K I L S S E E Y Y K Q N
A K S Y E E R W E R U R J F U
Y Y S H Z Z H R L V M Q R U L
Z H S N B K Q H U G E M Y E O
K D E S U O L A P J D Q H K J
L N H H I K M E C R E P Z E N
W O B L A C K B E A R L I N G
```

BLACK BEAR	HELLS CANYON	JERRY JOHNSON
LOCHSA	LOLO PASS	MAGRUDER
MULE DEER	NEZ PERCE	NORTH FORK
PALOUSE	SELWAY	WEIR CREEK

Beaverhead-Deerlodge National Forest

```
R  E  L  T  N  I  P  A  D  N  O  C  A  N  A
J  D  S  A  P  P  H  I  R  E  M  S  Y  I  N
P  Z  H  B  S  B  Y  C  E  O  H  R  O  Y  Q
Q  P  I  C  T  O  G  R  A  P  H  S  G  S  X
V  Q  S  V  T  Q  P  E  J  B  N  E  U  A  F
Z  G  A  N  S  T  E  L  O  H  G  I  B  C  L
U  C  H  I  E  F  J  O  S  E  P  H  S  A  A
Y  U  W  J  U  E  M  J  W  U  L  N  S  J  C
F  Z  A  S  Q  L  M  G  F  T  V  R  A  A  T
X  X  D  K  N  A  K  E  T  S  E  K  P  W  E
S  S  E  T  O  S  U  D  P  E  G  J  I  E  M
U  N  L  C  I  F  C  N  N  O  T  M  H  A  E
R  N  A  S  S  Z  F  O  M  J  O  P  M  T  E
I  N  K  G  I  L  I  M  W  Z  E  L  E  O  L
L  M  E  N  V  P  V  X  H  H  C  R  L  B  R
```

ANACONDA PINTLER	BIG HOLE	CHIEF JOSEPH
LEE METCALF	LEMHI PASS	NEE-ME-POO
PICTOGRAPHS	PIONEER	SACAJAWEA
SAPPHIRE	VISION QUEST	WADE LAKE

Yellowstone National Park

```
S  I  Z  G  R  I  Z  Z  L  Y  B  E  A  R  S
J  P  L  O  N  A  C  L  O  V  R  E  P  U  S
R  Y  O  K  H  G  S  Q  G  B  U  I  U  X  G
Y  B  C  O  R  V  T  P  Y  J  U  V  W  K  Y
J  D  S  V  P  E  N  I  P  L  A  B  U  S  X
I  H  E  R  I  T  A  G  E  S  I  T  E  U  J
V  J  N  P  F  I  R  S  T  N  P  G  O  C  D
U  Q  U  Q  P  D  G  A  Z  P  N  K  L  A  J
S  E  R  I  F  T  S  E  R  O  F  Z  K  L  P
V  B  I  S  O  N  E  G  G  F  X  P  P  D  D
Z  E  M  P  B  G  S  Z  Y  O  B  O  U  E  A
M  N  A  I  D  I  S  B  O  C  C  X  N  R  T
Z  A  W  O  I  K  Y  C  E  V  Q  O  I  A  R
Y  U  Q  O  R  G  L  X  Y  T  O  G  R  N  X
X  B  C  V  W  E  U  M  W  I  Q  I  F  G  R
```

BISON	CALDERA	FIRST NP
FOREST FIRES	GRIZZLY BEARS	HERITAGE SITE
KIOWA	OBSIDIAN	SUBALPINE
SUPERVOLCANO	ULYSSES GRANT	UNESCO

Ulysses S. Grant and Theodore Roosevelt

Across

2 Roosevelt was the first president to ride in a car, airplane, subway, _____, and on a camel.

5 While campaigning for president, Roosevelt was _____ in the chest, but survived.

7 In 1872, Grant signed legislation establishing Yellowstone as the first _____ park.

8 While president, Grant was arrested for speeding in his horse and buggy. He was fined and had to walk back to the _____ House.

9 Grant was elected the _____ president of the United States.

11 Grant's portrait is found on the _____ dollar bill.

12 Roosevelt was the first president to be awarded the Nobel _____ Prize.

Down

1 Roosevelt protected about 230 million acres of public _____ during his presidency.

3 Realizing the importance of conserving natural _____, Roosevelt helped set up preserves and the first national parks.

4 The Fifteenth Amendment, passed during Grant's presidency, gave black males the right to _____.

5 After becoming president in 1901, Roosevelt created the U.S. Forest _____ and signed the 1906 American Antiquities Act to protect public lands and wildlife.

6 Roosevelt famously said, "Speak softly and carry a big _____."

10 This popular stuffed toy was introduced shortly after Roosevelt refused to kill a captured bear.

Animals of Yellowstone National Park

```
X Q N Y T J Z D B J H D B Q U
R R A T H H P I G B P G G D L
Z C W Q R U S A X Y M Z E P G
W K S X R O L L E R R I U Q S
E H C F N C U K U T M J K I L
L L A R M M W T M X O E L K Z
G U N A R M A N N K O O P Q Y
A C I B I G H O R N S H E E P
E O M B O P E O R S E Z F S S
E Y G I D S G R A Y W O L F Z
L O R T J O S K P X R L O S I
Z T X D T W T A X P B A I G E
A E E E Y E X F I U P K E C U
P C D S Q D A V L K D Y T B J
P L G U U W E X M O Z S Z J G
```

BEAR	BIGHORN SHEEP	BISON
COYOTE	EAGLE	ELK
GRAY WOLF	MOOSE	RABBIT
SQUIRREL	SWAN	TROUT

Hayden Expedition

Across

4 _____ granted $40,000 to fund the expedition.

6 The expedition journeyed through what is now the states of Idaho, Wyoming, Colorado, Utah, and _____.

7 Hayden concluded that the land would not be good for _____ exploitation, as it had no valuable minerals or good timber.

10 Hayden's 500-page report provided evidence of geological features. It also helped persuade _____ to protect the land.

11 One goal of the expedition was to create accurate _____ of the land, showing bodies of water, mountains, geysers, and other features.

13 Hayden brought along botanist George Allen, who was Hayden's natural _____ professor at Oberlin College.

Down

1 The waters of Yellowstone were explored by *Annie*, the small _____ of the expedition.

2 Hayden was a geologist for the U.S. _____ Survey.

3 The Hayden Expedition consisted of 34 men and _____ wagons.

5 Northern Pacific _____ hoped to build a resort in the region after the expedition ended.

8 One goal of the Hayden Expedition was to search for _____ resources in the western territories.

9 Hayden recruited photographer William Henry _____ to chronicle the journey so there would be photographic proof of what they saw.

12 Public interest in the American West increased after the _____ War.

Yellowstone National Park Trivia

Across

5 ___ Geyser is the highest-erupting geyser at Yellowstone and in the world, with eruptions of more than 300ft!

6 Yellowstone has been called "the fifty-first ___ " because of its size and complex maintenance programs.

8 The highest peak in the park is known as ___ Peak.

9 Lodgepole ___ trees make up more than three-quarters of Yellowstone's tree canopy.

12 Cascade Corner has more than ___ .

15 Hillside Springs was once known as ___ Soup Springs.

Down

1 Yellowstone has about 500 ___ .

2 The Sheepeaters were a ___ American tribe that lived in Yellowstone.

3 There are many ___ at Yellowstone, including a "grand" one that is roughly 20 miles long!

4 The North Entrance's stone arch honors President Teddy ___ .

7 Yellowstone is the eighth-largest national park at almost 2,219,800 ___ .

10 Five national ___ border Yellowstone.

11 Three states border Yellowstone: Wyoming, Montana, and ___ .

13 The pronghorn, native to Yellowstone, can run more than ___ miles an hour.

14 Dunanda Falls is named for a Shoshone word meaning "straight ___ ."

Grand Teton National Park

```
V E L O H N O S K C A J U N P
T W O O C E A N L A K E E Q T
E Z F D L K R Q B R E C Y V M
T J E D I R K C A B E S R O H
A G Y V E E N O H S O H S J O
M D O Q R E L L E F E K C O R
I E N J H T O C G U Z C K D R
L D E V L N M B H F T U W B B
C A G J T X O A M S Q L S B T
E R R A Y N O L D S P U N E O
P T B I G H O R N S H E E P V
P T A N N A K I D U K U T F W
E L Q X V J H A D I I S R U X
T E E M M A M A T I L D A W B
S P T L Z J Q F O V L E R Q U
```

BIGHORN SHEEP	**EMMA MATILDA**	**HORSEBACK RIDE**
JACKSON HOLE	**PELT TRADE**	**RAYNOLDS**
ROCKEFELLER	**SHOSHONE**	**STEPPE CLIMATE**
TUKUDIKA	**TWO OCEAN LAKE**	**USBR**

150

Little Bighorn Battlefield National Monument

```
B  B  V  V  G  M  X  O  I  Z  I  F  V  T  C
M  E  A  E  C  R  E  Q  L  S  D  Z  E  N  E
M  E  M  O  R  I  A  L  P  V  I  N  L  O  M
Q  P  X  R  H  I  B  N  P  P  N  I  U  Z  E
K  Z  P  W  E  Y  F  R  I  E  X  B  R  K  T
P  E  L  F  Y  T  Q  D  Y  T  C  B  P  U  E
A  T  O  K  A  L  S  E  L  E  E  R  C  I  R
M  J  H  R  F  R  H  U  R  I  Y  E  O  E  Y
Q  W  P  O  M  C  D  R  C  C  W  S  C  C  D
L  L  I  H  D  N  A  T  S  T  S  A  L  L  Y
D  L  E  I  F  E  L  T  T  A  B  Q  M  X  V
Y  T  A  E  R  T  E  I  M  A  R  A  L  T  F
M  D  S  I  T  T  I  N  G  B  U  L  L  J  A
U  X  H  E  S  R  O  H  Y  Z  A  R  C  B  P
X  K  U  G  K  Z  I  I  D  A  L  W  C  N  X
```

BATTLEFIELD	CEMETERY	CHEYENNE
CRAZY HORSE	CUSTER	FT. LARAMIE TREATY
GRANITE	LAKOTA	LAST STAND HILL
MEMORIAL	SITTING BULL	WILDFIRE

Fort Laramie
National Historic Site

```
D W P T O K W M Q W M B H A X
I H L T F H G H U E L J M O Q
K I R S T O R V R S A G A P L
P T X O E Z E D A T M Q I F R
O E N P D Q A Q W E N C L R A
N F H D A Q T D L X H U L E W
Y E O L R X S R I P C E I S N
E A J O T R I P V A O O W I A
X T T D R Z O I I N T O T S M
P H R N U D U W C S I E R T E
R E O A F E X I N I V Z O A Z
E R F R T M W N I O R J F N O
S C Y G J M A D Q N M U D C B
S T S O P Y R A T I L I M E X
Q O H E H F I X I F G N Q X U
```

BOZEMAN WAR	CIVIL WAR	FORT JOHN
FORT WILLIAM	FUR TRADE	GRAND OLD POST
GREAT SIOUX WAR	MILITARY POST	PONY EXPRESS
RESISTANCE	WEST EXPANSION	WHITE FEATHER

National Parks Outdoors Sudoku

Fill in the boxes with the correct letters to complete the words.
Use each letter only once in each column and each row.

SPRING

		R	N		G
	G		S		
	S				R
R				S	
		P		G	
G			R		N

LAND

L		D	
			A
A			
	N		L

NATURE

N		T			E
R				A	
		U		T	
	T		E		
	R				A
T		A	R		

FOREST

F		R			T
S				O	
		E		R	
	R		T		
	S				O
R		O	S		

153

Craters of the Moon National Monument

```
T  S  S  F  L  O  O  D  B  A  S  A  L  T  X
E  X  J  K  X  G  L  S  V  L  G  U  W  B  J
Y  K  S  I  Y  Q  G  L  T  B  O  D  A  O  V
Y  K  A  T  J  T  X  F  J  H  V  O  P  N  L
U  V  E  U  A  X  I  A  M  G  A  M  I  A  C
B  A  A  S  Q  R  S  B  Y  Q  K  B  V  C  M
C  S  Q  B  T  H  T  C  M  I  A  A  H  L  Z
T  I  O  A  A  K  T  D  A  O  R  P  O  O  L
F  E  E  F  T  V  H  R  C  H  N  X  S  V  X
K  R  X  D  A  V  O  F  A  D  R  R  G  P  E
G  V  G  T  M  B  U  Q  C  E  F  I  R  V  V
G  R  T  V  D  T  D  L  O  M  E  E  R  T  R
M  V  K  I  N  G  S  B  O  W  L  U  B  S  S
N  S  Y  I  C  Z  H  A  R  O  B  T  M  C  X
Y  N  O  R  T  H  E  N  D  C  O  A  Z  S  D
```

EARTHQUAKE	FLOOD BASALT	GREAT RIFT
KINGS BOWL	LAVA	LOOP ROAD
MAGMA	MT. BORAH	NORTH END
TREE MOLD	VOLCANO	WAPI

Sawtooth National Forest

```
E  L  O  E  K  A  L  H  S  I  F  D  E  R  B
M  Y  H  W  Q  Q  R  R  O  C  C  E  P  F  Y
F  N  K  R  S  F  B  D  V  E  U  R  K  A  D
L  M  O  U  N  T  A  I  N  R  A  N  G  E  A
O  K  G  W  H  I  T  E  C  L  O  U  D  S  M
W  K  Y  A  W  G  N  I  M  E  H  E  Q  Z  A
Y  X  Y  X  E  K  A  L  E  C  I  L  A  I  B
A  K  A  E  P  N  A  M  D  N  Y  H  E  K  O
R  S  C  E  N  I  C  B  Y  W  A  Y  C  S  N
G  D  B  N  M  X  B  T  L  D  F  Y  V  R  E
U  G  D  X  I  O  G  M  Z  H  W  W  N  S  P
Y  R  T  C  A  S  S  E  N  R  E  D  L  I  W
S  P  R  I  M  I  T  I  V  E  A  R  E  A  U
L  Y  B  P  N  V  J  M  S  W  U  K  Z  S  M
P  J  H  C  T  L  E  V  E  S  O  O  R  P  W
```

ALICE LAKE	GRAY WOLF	HEMINGWAY
HYNDMAN PEAK	MOUNTAIN RANGE	OBAMA
PRIMITIVE AREA	REDFISH LAKE	ROOSEVELT
SCENIC BYWAY	WHITE CLOUDS	WILDERNESS ACT

Oregon
National Historic Trail

```
G  S  I  E  R  J  S  T  A  M  P  M  I  L  L
W  N  U  Z  G  O  L  D  M  I  N  E  M  F  D
A  O  D  R  J  H  V  T  N  W  M  Y  U  O  O
G  I  Y  A  D  R  E  I  T  N  O  R  F  M  K
O  T  S  M  U  S  D  Y  J  I  T  O  H  I  V
N  A  R  E  Z  W  E  G  X  R  P  T  B  G  L
R  R  E  E  S  P  K  R  A  F  M  S  W  R  K
O  G  R  K  I  U  P  D  U  L  F  I  Y  A  J
A  I  O  E  T  J  E  P  J  A  J  H  P  T  I
D  M  L  R  X  R  N  I  F  G  Y  G  I  I  X
O  T  P  Q  S  H  L  F  G  S  W  N  O  O  B
X  A  X  N  F  L  W  O  M  T  R  I  N  N  C
H  E  E  D  I  G  P  M  P  A  Q  V  E  P  B
Z  R  G  V  I  Q  E  D  T  F  M  I  E  B  Z
N  G  C  Z  Q  T  C  A  T  F  P  L  R  K  Q
```

EXPLORERS	EZRA MEEKER	FLAGSTAFF
FRONTIER DAY	FUR TRADERS	GOLD MINE
GREAT MIGRATION	LIVING HISTORY	MIGRATION
PIONEER	STAMP MILL	WAGON ROAD

Nez Perce National Historical Park

```
C H S E I R A N O I S S I M J
T E J D W N D E I M M L M X Q
M A Q T L Z F H P Z A S L B T
X R I O I E E N Z P N B J S T
A C O L O N I Z A T I O N C R
J A U O U X F F B X X E Y C A
C H I E F J O S E P H S W H W
Y B B S Q S T M N L E Q S Z E
S B I G H O L E P S T A A X C
B L T T N W R V Q U F T M T R
G Q E P V J H O G Q K L A R E
S C B B K R F H H K C I C B P
P A L O U S E N F W F H F E Z
R N O Y N A C H P E S O J C E
S C H O P U N N I S H T P C N
```

BATTLEFIELD	BIG HOLE	CAMAS
CHIEF JOSEPH	CHOPUNNISH	COLONIZATION
JOSEPH CANYON	MISSIONARIES	NEZ PERCE WAR
PALOUSE	TOLO	WEIPPE

Crater Lake
National Park

```
G C A L D E R A Q S E H A F T
P R C B M U D H P Z K G X W Z
I A K D U T T U A Y D G M P S
N T Q I H U K N C D Z M W U L
N E N C T O W I I P K T I M L
A R O H T R L O F E I M Z I A
C P J L O T K N I V I A A C F
L E N S C W C P C I C Z R E I
E A L H S O W E C R U A D D N
S K Q Y T B X A R D D M I E K
X U S G M N G K E M R A S S I
F G O F D I G A S I X G L E A
Y G F L D A U O T R E A A R L
K S P K O R E J Z K Y B N T P
K Q U U M G Y X P M E J D X C
```

CALDERA	CRATER PEAK	MT. MAZAMA
MT. SCOTT	PACIFIC CREST	PINNACLES
PLAIKNI FALLS	PUMICE DESERT	RAINBOW TROUT
RIM DRIVE	UNION PEAK	WIZARD ISLAND

158

National Parks Dos and Don'ts

America's national parks are great places for exploring, learning, and having fun. But in order to take care of our parks, ourselves, and each other there are some important rules that everyone has to follow. Read the "park rules" below and decide if you think they are true or false.

1. Feeding the animals is encouraged; especially bears because they are very hungry.

☐ True
☐ False

2. Littering is prohibited.

☐ True
☐ False

3. Please pick flowers and take pretty rocks home with you.

☐ True
☐ False

4. Please pet the wild animals; they usually enjoy a good scratch behind the ear.

☐ True
☐ False

5. Hunting is not allowed in national parks.

☐ True
☐ False

6. No cameras are allowed in the parks.

☐ True
☐ False

7. Campfires are allowed, but only in designated areas.

☐ True
☐ False

8. Please don't pick up archaeological objects.

☐ True
☐ False

9. When hiking, please stay on the designated trails.

☐ True
☐ False

10. Tent camping is strictly forbidden in all national parks.

☐ True
☐ False

Oregon Islands
National Wildlife Refuge

```
Z  T  H  B  L  T  W  M  A  C  K  R  E  E  F
B  B  S  D  T  N  I  O  P  K  O  O  R  C  D
U  M  R  W  R  D  Q  Z  G  V  O  F  G  C  O
B  J  H  O  H  X  W  M  J  P  E  C  K  H  D
U  E  L  A  Z  A  D  V  R  X  P  O  Q  W  A
G  Z  W  L  Y  S  L  X  L  G  I  Q  I  J  C
N  P  Z  G  S  S  W  E  X  I  J  U  F  L  L
I  U  T  N  D  I  T  J  C  Z  P  I  F  F  S
T  F  B  I  R  R  I  A  H  O  M  L  H  T  P
S  F  P  D  I  A  Q  S  C  Z  V  L  J  X  M
E  I  D  E  B  C  O  E  L  K  V  E  L  A  Q
N  N  R  E  A  W  C  A  V  X  R  S  R  N  Z
D  Y  J  R  E  E  T  L  T  X  C  O  X  Q  A
X  G  H  B  S  N  X  S  X  O  O  L  C  J  V
Z  X  T  I  D  E  P  O  O  L  S  O  V  K  O
```

BREEDING	COQUILLE	CROOK POINT
HAYSTACK ROCK	MACK REEF	NESTING
NEW CARISSA	PUFFIN	SEABIRDS
SEALS	TIDE POOLS	WHALE COVE

Siuslaw
National Forest

```
W Q E P M D O N U Q X K J K F
L R T N F Q R N A A K M H E L
V V Y K S F B I P J W G A E T
A S J E C K E E R C K C O R S
U N A E A E S H A C M E X C N
T I I R S B K S V H O C B T Z
E M D C C F U A T R J U K E R
P M N T A M U X L H Z R L E R
R U I F D K A N V D L P K W N
E C V I E T D Q V A N S O S S
P N D R H Y Y B P L S A V G B
X D T D E M O L P S E K S M Q
E Y N K A J D I T E N T F U O
N H R L D G D Q P A U I Y D K
X K A E P S Y R A M D S G D A
```

ALSEA	CASCADE HEAD	CUMMINS
DRIFT CREEK	DUNES	MARYS PEAK
OHV	PERPETUA	ROCK CREEK
SAND LAKE	SITKA SPRUCE	SWEET CREEK

Mount Hood National Forest

```
L P M A P L J O Z W P F E E U
T W O Z H J B G A Z G I Z T B
T I E I L L A L O H G Y F U C
L R Y G D D B U R N T L A K E
N G O K E E R C R E G D A B I
W Z K K G K Q I Z F D V A W E
P X C L M I A A T N N E G S N
I Y R R E B E L K C U H R A I
M N U U K C Z N Y R M I R T L
R E P M A C V O G H W U R Y R
G N J P L X I Y C N T O H F E
F M G M T G O N A C L O V P B
C L W B S S A L M O N F M A M
C W X W O V U M C R U A H I I
B R F W L D R W O L R A B S T
```

BADGER CREEK	**BARLOW RD.**	**BURNT LAKE**
GOV. CAMP	**HUCKLEBERRY**	**LOST LAKE**
OLALLIE	**SALMON**	**TIMBERLINE**
TIMOTHY LAKE	**VOLCANO**	**ZIGZAG**

Lewis and Clark
National Historical Park

```
F O R T T O S E A G O V N R B
U B Y T L H D J K D N S G E M
V B M W B H L C Y Z C R C E V
N H E G G N G Y R H O P L N S
G Y S O N U I U A H L M A A X
W L K I I G F L U C U A T C A
A E R T D K A K T T M C S T A
P L O O N C Q O S I B N O M F
A P W R A O V O E N I O P E A
Z R T F L L L M N L A I K N O
S V L L L T T A A A R T K T J
Q A A U U N I L D M I A E Q V
B T S X T I G L N S V T P S D
C V L Q E L Y I A I E S O V A
W T O J N F W T M D R E S H B
```

CLATSOP	COLUMBIA RIVER	DISMAL NITCH
ESTUARY	FLINTLOCK GUN	FORT TO SEA
MANDAN	NETUL LANDING	REENACTMENT
SALTWORKS	STATION CAMP	TILLAMOOK

Mount Rainier
National Park

```
E E I G C F F S U M M I T U V
N V V W I N T H R O P O L J U
N R R N T W P K Q J J A F W C
I E J L O N G M I R E I B C G
E S V E Q K S G V D Y S G M H
S E I P Z N U B W D Y U X N K
I R C R O D C E S I R N U S A
D T R M W R N U T X X Q I S Z
A S M N Y L G A Z H H P C S Z
R E I C A L G N O B R A C A Z
A R A V H D E Z F N B J E H M
P O V A L O R M E M O R I A L
A F W U L U K V J Y C X K K G
L N A O Z D H A M O C A T O Y
M P S T R A T O V O L C A N O
```

CARBON GLACIER	EMMONS	FOREST RESERVE
LONGMIRE	NEW DEAL	PARADISE INN
STRATOVOLCANO	SUMMIT	SUNRISE
TACOMA	VALOR MEMORIAL	WINTHROP

Tongass National Forest

Across

4 The forest has an abundance of __ streams.

6 Tongass National Forest is the largest temperate __ in the world that is still intact.

8 One of Tongass National Forest's bear-viewing facilities.

9 Mendenhall __ is 13 miles long and can be accessed by road.

10 Ship route through some of Alaska's islands and fjords.

11 Tongass National Forest is the __ national forest in the U.S.

Down

1 Animal more populous in Tongass National Forest than anywhere else in the world.

2 Some of the first nations to inhabit the forest were the __, Haida, and Tsimshian.

3 North America's largest tidewater glacier.

4 Popular wildlife-viewing site with a network of trails.

5 The forest is about the size of __.

7 Visit __ for wide, sandy beaches.

Klondike Gold Rush National Historical Park

```
I  S  V  V  F  Y  M  B  T  Q  Z  N  D  Z  O
U  N  O  O  L  A  S  Q  Y  A  L  O  I  A  E
P  N  S  H  A  A  W  T  L  A  A  K  S  H  U
F  R  E  H  C  N  A  L  A  V  A  U  C  N  Z
K  A  O  U  B  P  H  C  H  M  J  Y  O  X  Y
W  Y  X  S  E  C  M  Z  P  J  A  G  V  T  T
H  T  Y  W  P  E  F  R  T  O  H  S  E  V  G
I  O  C  M  U  E  S  U  M  R  O  L  R  A  P
T  O  E  S  E  G  C  S  R  C  R  R  Y  T  L
E  K  R  Q  E  W  I  T  U  L  L  H  C  W  Z
P  L  O  O  M  F  I  V  O  P  D  K  L  H  F
A  I  O  O  A  S  A  P  U  R  X  Z  A  Z  N
S  H  M  S  K  A  G  W  A  Y  S  X  I  I  U
S  C  A  P  H  I  D  A  X  O  Z  Z  M  T  D
O  Y  S  Y  A  W  M  A  R  T  R  H  E  M  I
```

AVALANCHE	CHILKOOT	DISCOVERY CLAIM
MOORE	PARLOR MUSEUM	PROSPECTORS
SALOON	SHAAW TLÀA	SKAGWAY
TRAMWAYS	WHITE PASS	YUKON

Glacier Bay National Park & Preserve

Mark the correct answer for these questions.

1. Glacier Bay National Park covers about __ acres of land.

- ☐ A. 1.5 million
- ☐ B. 1.8 million
- ☐ C. 2.4 million
- ☐ D. 3.2 million
- ☐ E. 4.0 million

2. Visitors to the Glacier Bay National Park & Preserve may see __.

- ☐ A. Mountains
- ☐ B. Glaciers
- ☐ C. A temperate rainforest
- ☐ D. Fjords
- ☐ E. All of the above

3. Glacier Bay National Park & Preserve is mostly undeveloped except for this area.

- ☐ A. Bartlett Cove
- ☐ B. Gustavus
- ☐ C. Outer Coast
- ☐ D. Dry Bay
- ☐ E. The bay

4. __ captained the HMS *Discovery* and surveyed Glacier Bay in 1794.

- ☐ A. Lester A. Beardslee
- ☐ B. Alexei Ilich Chirikof
- ☐ C. John Muir
- ☐ D. William S. Cooper
- ☐ E. George Vancouver

5. President who declared Glacier Bay a national monument.

- ☐ A. President Rutherford B. Hayes
- ☐ B. President Calvin Coolidge
- ☐ C. President Theodore Roosevelt
- ☐ D. President Abraham Lincoln
- ☐ E. President Ulysses S. Grant

6. It was a tradition for the Huna Tlingit to harvest __ once or twice a year.

- ☐ A. Radishes
- ☐ B. Wheat
- ☐ C. Potatoes
- ☐ D. Gull eggs
- ☐ E. Shellfish

7. Gustavus is known as the __ of Glacier Bay National Park.

- ☐ A. Hidden gem
- ☐ B. Gateway
- ☐ C. Center
- ☐ D. Prime lookout
- ☐ E. Heart

8. Choose the method of exploring Glacier Bay that does NOT allow for the best discovering and sightseeing.

- ☐ A. Car
- ☐ B. Kayak
- ☐ C. Tour vessel
- ☐ D. Cruise ship
- ☐ E. Charter boat

Wrangell-St. Elias National Park & Preserve

```
N W T K A V H A K I C Y B A Y
F H B X J I M M Y C A R T E R
O T P L L I H C R U H C T M P
T E C T O N I C P L A T E N C
K L N R U B K C A L B A X H J
Y A B T A T U K A Y B V I I P
T C A S E I T I U Q I T N A C
L K I Q Y E K K Y T I O B W S
O T H K A S M D M N U F I R A
D M I A T H A B A S C A N F N
Y Z N R E V I R R E P P O C F
M F L T R L I C X D M F K S O
F M E A Z V O N A C L O V C R
Y T Y G E Y L E V K B W S V D
T Z I R C N X W L H R L E G O
```

ANTIQUITIES ACT	ATHABASCAN	BLACKBURN
CHITINA RIVER	COPPER RIVER	ICY BAY
JIMMY CARTER	MT. CHURCHILL	SANFORD
TECTONIC PLATE	VOLCANO	YAKUTAT BAY

Denali
National Park & Preserve

```
P  E  E  H  S  L  L  A  D  N  O  R  W  W  U
B  M  O  Y  K  R  F  K  H  O  F  J  I  Z  L
H  W  O  E  I  E  J  A  F  I  O  E  N  G  I
D  B  O  L  I  V  O  E  U  T  R  C  T  H  A
S  N  E  N  N  I  M  P  B  A  A  B  E  A  R
A  N  Z  I  G  R  I  T  R  V  K  C  R  N  T
G  M  D  K  G  E  F  S  P  R  E  N  F  T  F
F  Z  C  C  S  G  T  E  L  E  R  Z  E  L  F
C  E  J  M  J  A  Z  L  F  S  F  Y  S  I  O
O  H  O  T  K  V  F  L  S  N  L  X  T  H  M
H  D  I  M  L  A  M  A  N  O  E  N  H  A  X
L  K  Y  E  H  S  P  T  C  C  Q  Y  N  K  C
N  N  O  D  L  E  H  S  S  E  L  R  A  H  C
R  K  B  Y  J  L  Y  S  M  H  G  S  E  U  C
D  E  M  O  D  Y  N  O  T  S  J  B  D  J  P
```

CHARLES SHELDON	CONSERVATION	DALL SHEEP
FORAKER	KAHILTNA	MT. MCKINLEY
OFF-TRAIL	SAVAGE RIVER	SKIING
STONY DOME	TALLEST PEAK	WINTERFEST

Gates of the Arctic
National Park & Preserve

```
L F R I G I D C R A G S Y M G
K R A C A R I B O U J E A U N
Y W S H S U R D L O G B R Q U
C X W O Z V T Q T N L N R V Y
V W O S R O T P A R Z I I G N
S D O B X S F R A X T P G J D
N B L L A H S R A M U D E C M
S O Z U E K A S S R N Q T K H
X A R A O K Q V A G D A C G C
Y V R O B A A O O O R M H P N
I U R K A H L J K M A K I C X
Y B K W U D H K U K U Y O K M
B E T T L E S T C Z Y G A A J
Y V C T S F I G I K G A U R T
R Y Y B A Q A C L I N A G B T
```

ANILCA	ARRIGETCH	BETTLES
BROOKS RANGE	CARIBOU	FRIGID CRAGS
GOLD RUSH	KOYUKUK	MARSHALL
NO ROADS	RAPTORS	TUNDRA

Kobuk Valley National Park

```
X I E G A T R O P N O I N O K
E T F B X G B W D D K B W F A
I D B Q F H Z T P R O C A I L
S A G A L R E D R X B Z P U W
E H R I I O S E U D U S S S T
N D I P G P N N J A K G T G T
U D Z U H O L G J Z V D A S V
D S Z N T Y L E W D O C M Q I
D E L I S B I D Z I K I P A X
N L I B E U A A R Y N R E S Y
A D E O E V F J Y U E T D U L
S O S H I S Z K G K M M E S O
G C V U N M N I U K E O E R D
G A L O G K J X C O Y M R E R
F H A R Y Y G I D D I N G S Z
```

FLIGHTSEEING	GIDDINGS	GOLD RUMORS
GRIZZLIES	INUPIAQ	JADE
KOBUK	LONG WINTER	ONION PORTAGE
SAND DUNES	STAMPEDE	USGS

National Park Land Formations Match-Up

Match the national park with its unique land formation or geological feature.

1. ____ Big Bend National Park

2. ____ Petrified Forest National Park

3. ____ Lassen Volcanic National Park

4. ____ Black Canyon of the Gunnison National Park

5. ____ Pinnacles National Park

6. ____ Katmai National Park

7. ____ North Cascades National Park

8. ____ Dry Tortugas National Park

9. ____ Hot Springs National Park

10. ____ Bryce Canyon National Park

A. STRATOVOLCANO

B. HIGH PEAKS CONSISTING OF WELL-CONSOLIDATED BRECCIA

C. HOODOOS CARVED IN THE CLARON FORMATION

D. LATE TRIASSIC CHINLE FORMATION

E. GLACIER PEAK VOLCANO

F. EXQUISITELY PRESERVED FOSSILIZED CORAL REEF

G. WINDBLOWN SAND DUNES AT BOQUILLAS CANYON

H. SEDIMENTARY ROCK KNOWN AS ARKANSAS NOVACULITE

I. CENOZOIC AND MESOZOIC ROCK FORMATIONS

J. BLUE MESA TUFF

Katmai
National Park & Preserve

```
Y L N X D P X N S U V F V B X
A V O V H M Y A B O L L A H Z
B O V E K A L K E N K A N E R
K L A D D C T Y A B Z S C O O
I C R N K S P N R L O D B R Y
L A U O X K G F W E Q T K G E
A N P I O O X V A G Q F G B L
M O T T R O F A T A A U R K L
A E A P G R U H C C O L A M A
R S Z U Q B H Y H Y A Y F J V
L B O R F Q Q A I Q J U F I E
P A M E R I C A N C R E E K H
P M U A A S R H G E G D Z G T
A H R Q I E A N P I G U Z X G
W D Y J T E Z V L T O E B O N
```

AMALIK BAY	AMERICAN CREEK	BEAR WATCHING
BROOKS CAMP	ERUPTION	FURE
HALLO BAY	LEGACY	NAKNEK LAKE
NOVARUPTA	THE VALLEY	VOLCANOES

Lake Clark
National Park & Preserve

```
G U U F Y Y T A F D P Q A W C
Y O A R T U B V R F U J Y U T
P C I H T B V F P R W H J J A
R Z R X H T R O W S L A O M N
O Q T N U R N O M L A S H L A
E K A J N D E J W F H L N O L
N C X I R A H Y Z N B V W L I
N H I Y C O H B J F B G C G A
E I A N A U Q A L E T E L W N
K N G P R Q C N F P H T A M P
E I R F A L C O N S T V R R O
V T A L O W I D A V Q Q K I I
E N C T N E C S E R C R F F N
S A H M O O S E K Z O E W V T
I A Z Y H K O T D S S I G X C
```

AIR TAXI	**ALSWORTH**	**BROWN BEAR**
CHINITNA	**CRESCENT**	**FALCONS**
JOHN W. CLARK	**MOOSE**	**PROENNEKE**
SALMON RUN	**TANALIAN POINT**	**TELAQUANA**

Chugach
National Forest

```
E G B U Z G B N D F K A Y E D
T C M R A N I A G A N R U T P
A L X M D D K N I J M N L D J
W H I S T L E S T O P M M L Z
D B S Y Z J E N B X S O I A N
S O C K E Y E V O Z L E Q S A
A R C H I P E L A G O H C E K
L B J C L U K B E D D W L I S
E C W S R E I C A L G P S R A
H W Y S N Z A C D I H D P E B
K Q T A B F N Q B O U M B H A
A X I S J A M E S C O O K S H
H R U S S I A N R I V E R I T
T E L N I K O O C J B B G F A
R P T P W A O F S N R U M L A
```

ARCHIPELAGO	ATHABASKAN	COOK INLET
EYAK	FISHERIES	GLACIERS
JAMES COOK	KENAI	RUSSIAN RIVER
SOCKEYE	TURNAGAIN ARM	WHISTLE STOP

Kenai Fjords National Park

```
S  N  R  D  L  E  I  F  E  C  I  F  Z  K  L
Y  D  E  D  B  J  W  N  E  P  C  J  U  I  M
G  T  I  J  E  O  P  V  S  W  E  A  A  I  F
E  R  C  Z  A  I  C  E  A  G  E  R  L  H  M
G  F  A  C  R  W  E  C  Q  Q  T  S  U  A  B
J  G  L  I  G  P  E  Y  Q  K  K  D  S  R  H
L  N  G  Y  L  N  V  B  O  O  A  U  N  D  W
D  I  T  L  A  O  I  O  N  D  U  J  I  I  A
H  D  I  P  C  Q  L  N  J  U  B  W  N  N  E
Q  L  X  S  I  R  A  L  I  P  K  P  E  G  F
V  O  E  M  E  E  W  I  B  M  X  A  P  T  Q
V  H  W  V  R  D  W  A  P  W  G  F  B  R  B
L  N  O  Y  Y  F  P  X  I  G  F  O  O  A  R
A  I  M  H  D  F  E  K  E  D  U  H  L  I  Y
Y  D  T  A  C  L  I  N  A  L  J  S  K  L  G
```

ANILCA	BEAR GLACIER	EXIT GLACIER
HARDING TRAIL	ICE AGE	ICE FIELD
INHOLDING	MINING	NUKA BAY
OVERLOOK TRAIL	PENINSULA	SUGPIAQ

Great American Public Lands Road Trip #7
The Midwestern States

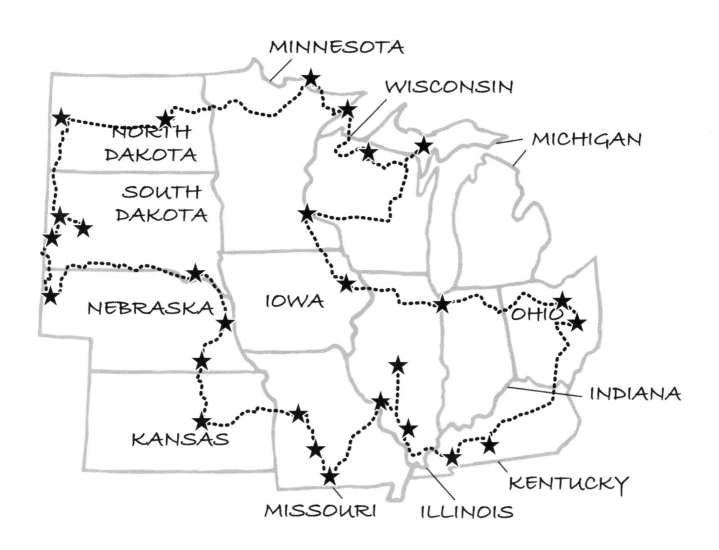

MINNESOTA

WISCONSIN

MICHIGAN

NORTH
DAKOTA

SOUTH
DAKOTA

NEBRASKA

IOWA

OHIO

INDIANA

KANSAS

KENTUCKY

MISSOURI

ILLINOIS

First Ladies
National Historic Site

True or false?

1. Abigail Adams was the first First Lady of the U.S.

☐ *True*
☐ *False*

2. Visitors of the First Ladies National Historic Site can visit the Saxton House, the former home of Ida and William McKinley.

☐ *True*
☐ *False*

3. The National First Ladies Library can be found at City National Bank.

☐ *True*
☐ *False*

4. Every First Lady was the spouse of a U.S. president.

☐ *True*
☐ *False*

5. Despite Ida McKinley's long battle with epilepsy, she made a strong effort to fight for woman suffrage.

☐ *True*
☐ *False*

6. No First Lady held her own press conference until Eleanor Roosevelt.

☐ *True*
☐ *False*

7. Bess Truman was the first First Lady to try and formalize the role.

☐ *True*
☐ *False*

8. First Ladies were always expected to have a public role.

☐ *True*
☐ *False*

9. Lady Bird Johnson made significant strides in conservation efforts and worked closely with the National Park Service.

☐ *True*
☐ *False*

10. Dolley Madison helped to increase James Madison's popularity due to her warm demeanor.

☐ *True*
☐ *False*

Camp Nelson National Monument

```
D P M T T R U I J C V K A S H
N R E F U G E E S A A Y L A E
A T H Y R E V Z G E T V L C T
B B D Y H S Q U X G Z L I B A
A A W Q C U T V Q X T T C P P
R R L X V O N F Q R I H I Q I
T R M C U H E K U Z G R V O C
N A A X A E M Q E S C S I K N
O C J N R T T N A A C Y L L A
C K T Y H I S H E W U T W H M
M S K T P H I A B N C K A L E
I M P O I W L F T F K Q R J E
C J G P I F N L U W F J S R U
V K M E M C E Y C W G B Q U R
V R C D K D O L A T I P S O H
```

BARRACKS	CITIZENSHIP	CIVIL WAR
CONTRABAND	DEPOT	EMANCIPATE
ENLISTMENT	HALL	HOSPITAL
REFUGEES	USCT	WHITE HOUSE

Mammoth Cave National Park

```
G E C O S Y S T E M F M Y S I
A D C I Y R G N R S A D B T X
A W H Z U E V O E W F R O E K
Q C Q X W R L O H E A O T P D
Y P T I N O B N A M T F T H D
F J W W W L I X B O M S O E G
T Z W W M P O Q I D A N M N U
M H Y D M X S T L H N A L B I
Y C D Q C E P N I T S R E I D
T P N T P S H M T O M B S S E
S V E Y Y R E W A M I E S H D
R B Q N Y E R E T M S C P O H
A O G H V N E K E A E I I P I
K S N T G I N N M M R L T Z K
Y X D X Z M N T H A Y A Y T E
```

ALICE BRANSFORD	BIOSPHERE	BOTTOMLESS PIT
ECOSYSTEM	EXPLORER	FAT MAN'S MISERY
GUIDED HIKE	KARST	MAMMOTH DOME
MINERS	REHABILITATE	STEPHEN BISHOP

Crab Orchard
National Wildlife Refuge

```
Z  F  U  E  K  V  L  V  W  P  B  W  M  E  S
M  W  X  K  C  A  L  C  L  I  D  H  Q  X  Y
P  O  K  E  B  Y  I  B  O  B  C  A  T  I  M
O  L  N  E  H  C  T  I  K  S  L  I  V  E  D
L  F  T  R  C  C  T  E  A  G  L  E  S  B  D
D  C  R  C  R  B  L  O  H  D  F  Z  X  D  O
H  R  O  N  O  W  E  T  U  R  K  E  Y  S  O
I  E  C  O  P  D  G  D  C  F  R  F  E  O  W
C  E  K  E  L  Y  R  G  S  L  X  T  A  V  D
K  K  Y  G  A  B  A  C  H  U  M  Q  I  R
O  B  B  I  N  J  S  Y  K  E  I  O  N  Z  A
R  B  L  P  D  A  S  W  A  R  L  R  Y  M  H
Y  Y  U  J  Z  I  Y  T  T  G  Z  H  Y  K  B
L  U  F  H  X  N  E  R  Y  F  R  J  J  O  T
D  I  F  B  X  R  D  P  O  A  N  P  W  T  I
```

BOBCAT	CROPLAND	DEVIL'S KITCHEN
EAGLES	HARDWOOD	LITTLE GRASSY
OLD HICKORY	PIGEON CREEK	ROCKY BLUFF
THEATER	TURKEYS	WOLF CREEK

Lincoln Home National Historic Site

```
R  S  R  U  O  T  L  A  U  T  R  I  V  G  I
S  E  P  N  L  O  C  N  I  L  E  I  D  D  E
T  N  L  O  C  N  I  L  T  R  E  B  O  R  Z
E  E  Z  G  U  R  H  W  L  L  X  O  F  K  G
V  N  L  O  C  N  I  L  M  A  H  A  R  B  A
K  Q  L  A  V  I  V  E  R  K  E  E  R  G  C
F  R  E  E  A  D  M  I  S  S  I  O  N  S  F
S  N  E  E  B  M  O  T  N  L  O  C  N  I  L
B  E  C  O  X  X  K  P  K  M  E  U  E  I  M
J  T  V  P  K  P  E  M  Z  R  V  F  C  T  G
C  A  M  P  A  I  G  N  M  T  C  L  S  F  I
G  N  Z  J  U  G  Y  C  N  N  J  Z  E  K  H
W  E  O  I  D  L  O  N  R  A  Y  K  G  G  W
T  S  V  S  L  R  M  S  Z  U  E  E  S  X  Q
H  M  W  K  J  G  O  X  A  H  V  D  Q  B  W
```

ABRAHAM LINCOLN	ARNOLD	CAMPAIGN
DEAN	EDDIE LINCOLN	FREE ADMISSION
GREEK REVIVAL	LINCOLN TOMB	ROBERT LINCOLN
SENATE	VIRTUAL TOUR	WHIG

Gateway Arch
National Park

```
A C G M I M W S R U O T P O T
G Y M V J V E F U E P T N O W
P T E T D T S D U S K A R P K
H Y M E K I T R H U A K O L R
C R O E A R E E C O N B N C A
R A R R L I X D R H J A I Q L
A T I O L P P S A T V E M R C
Y N A S Z S A C T R P J A I D
R E L A H R N O S U S X I G N
A M S A L E S T E O G J N T A
N U R R G E I T L C X Z I T S
E C G I B N O Z L D G H G Q I
T O X N G O N X A L T X R B W
A D X E K I Y I T O O Y I N E
C O M N O P I K X T T Y V A L
```

CATENARY ARCH	DOCUMENTARY	DRED SCOTT
EERO SAARINEN	LEWIS AND CLARK	MEMORIAL
OLD COURTHOUSE	PIONEER SPIRIT	TALLEST ARCH
TOP TOUR	VIRGINIA MINOR	WEST EXPANSION

National Parks Adventure Sudoku

Fill in the boxes with the correct letters to complete the words.
Use each letter only once in each column and each row.

RANGER

R	A			G	
G		E		N	A
A		G	R	E	
	E	R	A		G
E	N		G		R
	G	R		A	

WILD

D		W	
	W		L
L		I	
	I		D

HIKE

H		E	
			I
I			
	K		H

TRAILS

	A	L			S
	S		T		
	T				A
A				T	
		R		S	
S			A		L

184

Ozark
National Scenic Riverways

```
W  W  I  R  L  B  M  I  L  L  S  F  R  W  F
O  A  J  E  F  A  C  Q  X  S  S  U  O  X  Q
M  P  O  V  U  Z  T  X  Z  X  P  A  E  M  H
O  W  H  I  Z  X  O  I  F  T  Y  X  Z  E  W
B  A  T  R  U  C  I  V  P  T  G  Q  G  V  Z
I  P  Z  T  P  L  F  Q  B  S  X  Y  B  A  P
G  L  K  N  J  A  C  K  S  F  O  R  K  C  C
S  L  L  E  W  S  L  I  V  E  D  H  A  P  X
P  H  D  R  R  D  N  T  T  Z  P  Z  D  U  Z
R  I  U  R  G  I  G  G  I  N  G  T  W  M  I
I  J  L  U  J  R  S  R  E  M  Y  R  Q  A  X
N  P  O  C  M  S  G  X  X  P  E  C  I  J  Y
G  A  I  D  O  G  V  G  Y  Y  W  S  D  Z  L
U  T  J  R  O  U  N  D  S  P  R  I  N  G  V
L  H  S  L  L  A  F  R  E  T  A  W  W  A  M
```

BIG SPRING	CURRENT RIVER	DEVILS WELL
GIGGING	HOSPITAL	JACKS FORK
JAM UP CAVE	MILLS	PAW PAW
ROUND SPRING	RYMERS	WATERFALLS

Mark Twain
National Forest

```
A A B K V Q T L Q U M N C L C
T L W S T F R A N C I S M U I
R U X R E E R G K N S W Z P L
A T W D T W K A E N S C L I X
I Q F P N I E N E O O L D F V
L G P O I L E Z V M U A L X X
O Z S T O X R X L Y R R O R S
F U S E P J C K Z Q I K B T A
T D A D N L R P T Z N N B Q A
E W V A E N A S K Q A F O X I
A P A L V S D K J H T U W Q C
R M A G E L E C B J I R L D P
S A L N L N C B Q Q V L U U L
K C I W E O Z U B R E F E K K
Y M Y F J O Z A R K T R A I L
```

AVA	CAMP	CEDAR CREEK
CLARK NF	ELEVEN POINT	GLADE TOP
GREER	MINES	MISSOURI NATIVE
OZARK TRAIL	ST. FRANCIS	TRAIL OF TEARS

186

Big Muddy National Fish and Wildlife Refuge

```
X P K C B J D O Z G W T R S S
I A R H L W Y Y O H A M E Z P
N U A A U E C Y R Z J K V B I
Y K L N E R X A U F A Z I N H
C D C N G S Z B H L B D R O S
R T D E O Z Z Q R O Z I I I M
A Y N L O O V U B O C J R T A
N L A I S G O S M D H V U A E
B A S Z E C L O I P A J O R T
E F I A S H D O B L N A S O S
R U W T D E A E H A N M S T W
R M E I P A A Q Q I E E I S Y
Y K L O G V G I I N L S M E D
P R P N E T V L D T S O O R U
Y E M R K R R T I V N B J Y
```

BEAVER	BLUE GOOSE	CHANNELIZATION
CHANNELS	CRANBERRY	FLOODPLAIN
JAMESON	LEWIS AND CLARK	MISSOURI RIVER
RESTORATION	SCOUR LAKES	STEAMSHIPS

Tallgrass Prairie National Preserve

```
L  B  S  B  C  T  V  L  S  L  F  W  R  E  S
L  O  N  O  Z  U  B  I  S  O  N  B  P  R  W
I  S  N  F  M  E  E  N  W  A  P  I  U  U  U
H  C  M  R  B  J  U  N  W  K  C  A  W  T  Z
G  H  S  T  E  P  H  E  N  J  O  N  E  S  Q
N  O  T  H  M  P  S  M  F  O  C  C  J  A  M
I  O  O  W  A  K  L  E  A  W  R  M  G  P  E
R  L  C  M  T  O  L  U  R  S  S  H  X  G  D
P  H  K  L  I  G  I  Y  M  Y  F  I  A  I  F
S  O  R  S  H  Y  H  K  L  O  T  S  E  B  I
Z  U  A  Q  C  F  T  F  A  B  O  V  H  H  X
O  S  N  L  I  H  N  Z  N  W  H  T  N  A  K
K  E  C  X  W  A  I  W  D  O  M  T  D  D  H
Y  Q  H  K  I  L  L  X  O  C  F  O  J  V  L
L  W  G  R  N  E  F  M  G  F  E  P  N  G  U
```

BIG PASTURE	BISON	COWBOYS
FARMLAND	FLINT HILLS	OSAGE
PAWNEE	SCHOOLHOUSE	SPRING HILL
STEPHEN JONES	STOCK RANCH	WICHITA

Homestead National Monument of America

```
S  J  P  R  O  V  I  N  G  U  P  U  T  P  B
R  R  E  I  T  N  O  R  F  W  U  Z  K  K  K
E  D  K  L  T  S  M  P  L  Y  C  M  M  L  E
T  N  S  L  C  W  I  D  Q  H  D  A  B  N  E
S  A  E  O  A  T  U  R  Q  G  P  E  X  O  V
U  L  L  O  D  D  E  A  R  D  O  R  F  F  M
D  E  E  H  A  N  K  X  J  O  V  D  N  S  V
O  E  C  C  E  O  U  I  B  J  N  N  B  W  X
X  R  T  S  T  I  A  G  O  Z  D  A  V  U  L
E  F  R  S  S  I  Q  R  K  A  C  O  V  D
R  T  I  K  E  N  Z  I  J  I  C  I  C  L  W
O  N  C  M  M  A  O  N  W  V  F  R  O  T  B
L  A  I  C  O  P  S  E  T  T  L  E  R  S  B
O  F  T  X  H  X  I  L  V  X  T  M  T  L  B
B  A  Y  O  W  E  N  R  Q  D  B  A  S  J  U
```

AMERICAN DREAM	DEARDORFF	ELECTRICITY
EXODUSTERS	EXPANSION	FREE LAND
FRONTIER	HOMESTEAD ACT	NORRIS
PROVING UP	SCHOOL	SETTLERS

National Park Junior Rangers

Kids can be rangers, too! The National Park Service has a Junior Ranger program at almost all of its parks. Junior Rangers take an oath to help protect parks, to have fun learning about parks, and to share what they learn with friends and family. Kids get to explore topics like history, archaeology, geology, and astronomy. Junior Rangers receive an official certificate and patch from the Park Service. Unscramble the words below and discover the fun things that Junior Rangers get to do.

1. _____
XLERPEO

2. _____
ERNAL

3. _____
PTORCET

4. _____
NSGI

5. _____
TIAVICITES

6. _____
ARSHE

7. _____
PALY UTOSEDI

DeSoto National Wildlife Refuge

```
A  M  D  K  M  N  Z  Y  Q  D  F  Q  N  T  M
N  T  M  D  U  D  E  E  W  K  L  I  M  X  N
T  N  I  U  E  U  F  D  J  S  K  D  Y  R  B
I  P  G  A  S  R  Q  E  Z  D  V  N  O  Q  L
Q  M  R  N  U  D  E  R  E  G  N  A  D  N  E
U  L  A  I  M  L  O  F  W  S  S  R  Q  Z  L
I  X  T  U  S  A  C  E  D  V  T  T  B  W  W
T  E  I  S  H  C  N  N  C  F  E  R  C  W  O
I  N  O  O  R  F  A  X  E  K  A  E  O  Q  F
E  A  N  N  U  L  F  E  W  W  M  B  O  G  R
S  F  S  W  S  Z  B  W  U  O  B  L  L  G  E
A  G  V  S  B  M  R  R  E  X  O  U  D  T  T
C  K  A  Z  W  K  F  S  J  S  A  V  R  X  A
T  R  C  D  O  O  W  N  O  T  T  O  C  V  W
G  D  R  I  V  E  R  T  O  W  N  J  H  X  V
```

ANTIQUITIES ACT	BERTRAND	COTTONWOOD
ENDANGERED	GRASSLANDS	MIGRATION
MILKWEED	MUSEUM	RIVER TOWN
STEAMBOAT	USACE	WATERFOWL

Missouri
National Recreational River

```
G G N I L D D A P N L Y A V Q
R Y J U N A I D I R E M C D J
A I Z R B M X O I K K Q N L K
N F L A Z V B G F O R T O P I
T D O O Y R L Z S W N W P M I
M P V D A U W T G K F V I C A
A C G R G C W U A F Y K J A N
R B A H P S B J K J V O Q L A
S U E S P I R I T M O U N D H
H K I M U L B E R R Y B E N D
W D N A L S I T A O G Y L C Q
S T A N D I N G B E A R G R E
Y A N K T O N S I O U X J Y R
K A D O F K E E R C W O B K L
A O E I Y J V U C R G E X D W
```

BOW CREEK	FORT	GOAT ISLAND
GRANT MARSH	MERIDIAN	MULBERRY BEND
NIOBRARA	PADDLING	PONCA
SPIRIT MOUND	STANDING BEAR	YANKTON SIOUX

Scotts Bluff
National Monument

```
M N R M I R V E K K M Y R F E
S O B A W O A M C T Z J W T A
L S E N P D S I I C F K S U U
I L G I O I Y G N A L M T G W
S I E F N R H R F S M I R M T
S W M E Y R P A E E I T A E N
O W N S E O A N N I Y C T A G
F O I T X C R T E T V H A P P
J R E D P L G B C I H E L A W
I D D E R I O O O U E L C T Y
H O N S E A P G G Q P L Y E Y
G O Q T S R O Q I I X P H W H
L W O I S T T I L T W A N J H
W D R N D S C G O N P S Z G E
U U G Y J K O F I A T S U H T
```

ANTIQUITIES ACT	EMIGRANT	FOSSILS
MANIFEST DESTINY	MEAPATE	MITCHELL PASS
OLIGOCENE	PONY EXPRESS	STRATA
TOPOGRAPHY	TRAIL CORRIDOR	WOODROW WILSON

National Parks
Sudoku

Fill in the boxes with the correct letters to complete the words.
Use each letter only once in each column and each row.

PARK

	A	R	
R			A
			P
	P	K	

WONDER

O	E			D	W
D		W	E		N
N		E	W		D
W	D			N	E

DISCOVER

D	S		I		O	V
O		V	C			R
	R			I		
I		O		C		
	D					S
	C		O		D	I
R	S	I		E		
	D		R			S

194

Wind Cave
National Park

```
V D N I W C I R T E M O R A B
F M F G X M U P V T C F T F I
T C Z A Z T H D E Q Y J S B H
Q C H E Y E N N E P E O P L E
F K B U X O G B D U S E T F Y
R A M I N I N G C O M P A N Y
O J E S S E M C D O N A L D X
S N C X Y R A U T C N A S W Q
T R S T F A R E T I C L A C M
W J J M M O O N M I L K I C I
O F E E N M K R O W X O B H N
R J L S Y D U S T B O W L G G
K Z L A K O T A P E O P L E B
Q W B L J Z J R M Z Y L K P Y
B I S O N H E R D Y P U L B K
```

BAROMETRIC WIND	**BISON HERD**	**BOXWORK**
CALCITE RAFTS	**CHEYENNE PEOPLE**	**DUST BOWL**
FROSTWORK	**JESSE MCDONALD**	**LAKOTA PEOPLE**
MINING COMPANY	**MOONMILK**	**SANCTUARY**

Mount Rushmore
National Memorial

```
N G V G D V N O S R E F F E J
C K G B O R G L U M H E T A S
R O E O T X D K N L O C N I L
M N D R O B I N S O N N K P C
J C B R E N P R O C E E G W B
Z R O O S E V E L T H D W W N
W A S H I N G T O N T N Y V F
G Q I I S U B R P E L E D F W
N O I S N A P X E F F P Z S J
S Y M B O L O F F R E E D O M
A R A F J D Y F O U N D E R S
Z S N G L T X I R X Q N I X R
V N Y H X B N W U H V I L T Y
R D M I X U L M U L G R O B L
W V S L F M B U P B P C I C Y
```

EXPANSION	FOUNDERS	G. BORGLUM
INDEPENDENCE	JEFFERSON	L. BORGLUM
LINCOLN	ROBINSON	ROOSEVELT
SIXTY FEET	SYMBOL OF FREEDOM	WASHINGTON

Badlands
National Park

```
X  G  G  P  I  N  N  A  C  L  E  S  S  M  S
W  I  H  O  R  G  A  N  Y  D  D  D  R  W  E
I  C  E  Q  P  L  Q  D  K  D  A  Z  E  H  D
L  H  Q  C  D  A  V  Q  T  X  X  S  D  I  I
P  E  Q  P  N  M  A  K  O  S  I  C  A  T  M
G  Y  W  D  B  A  L  N  F  L  X  S  E  E  E
W  E  T  U  I  E  D  S  V  R  Z  D  T  R  N
A  N  C  W  G  S  R  T  R  C  S  A  S  I  T
R  N  S  T  H  A  P  O  S  S  M  L  E  V  S
I  E  X  O  O  B  H  R  S  O  Z  V  M  E  Q
K  W  W  E  R  D  U  T  L  I  H  B  O  R  G
A  R  E  P  N  L  T  X  R  R  O  G  H  Q  X
R  V  E  R  T  E  B  R  A  T  E  N  H  F  U
A  I  E  H  N  B  O  W  L  Y  A  E  F  G  A
P  A  R  M  U  I  R  E  H  T  O  E  L  A  P
```

ARIKARA	BIG HORN	CHEYENNE
EROSION	GHOST DANCE	HOMESTEADERS
MAKO SICA	PALEOTHERIUM	PINNACLES
SEDIMENTS	VERTEBRATE	WHITE RIVER

Theodore Roosevelt National Park

```
S K V I C E P R E S I D E N T
K K S D S V I E R E E H R F F
T G K A T F H V E P S N B I L
L W R B R R T I P Q O O F A M
A E A K E D S S U M O B G Z N
E M P N N D I S B V M E Z T J
D A L R U L L E L P G L R X L
E G A D O V A R I D Y P J S A
R G N Z U M R G C E F R O X J
A I O P S K U O A V Y I T S E
U B I P L L T R N X W Z P V O
Q Y T D I K A P W R T E S N H
S H A I F H N L B T P D A B Y
C O N S E R V A T I O N I S T
U S R E D I R H G U O R F W X
```

BIG GAME	CONSERVATIONIST	MOOSE
NATIONAL PARKS	NATURALIST	NOBEL PRIZE
PROGRESSIVE	REPUBLICAN	ROUGH RIDERS
SQUARE DEAL	STRENUOUS LIFE	VICE PRESIDENT

Theodore Roosevelt Nature & History Association

```
S N O I L N I A T N U O M A R
R E C O E J P K O K R O N F S
E L K Y U F A N U X W W V H G
G Z U J W L P N O S I B M K D
N L Y G R R T I Z W S Y N I N
A B J U O M V D X R F H U K H
R D H F P D R N O R S A K L T
R C I N K Q J A G O U D I A C
O T H J W E F E Y E N X E W J
I N O I T A V R E S E R P D D
N P U B L I C L A N D S C R B
U N O I T A V R E S N O C I K
J P L K E F T L N R S T Z B T
E G U F E R E F I L D L I W H
N T C A S E I T I U Q I T N A
```

ANTIQUITIES ACT	BIRD WALK	BISON
CONSERVATION	ELK	JUNIOR RANGERS
MOUNTAIN LIONS	NONPROFIT	PRESERVATION
PUBLIC LANDS	USFS	WILDLIFE REFUGE

Get to Know the Earth

Match the clue about earth to the term on the right.

1. _____ Fracture in the earth's crust along which movement has occurred

2. _____ A number that expresses the relative size of an earth-quake

3. _____ The scientific study of the structure, origin, and history of the earth

4. _____ Large crater formed from a collapsed volcano

5. _____ Related to hot water

6. _____ Having to do with motions within the earth

7. _____ Theory that claims earth's crust and upper mantle are composed of large plates that slowly move about

8. _____ Area on earth's surface that shows signs of long-standing volcanic activity.

A. *GEOLOGY*

B. *HYDROTHERMAL*

C. *MAGNITUDE*

D. *HOTSPOT*

E. *PLATE TECTONICS*

F. *CALDERA*

G. *FAULT*

H. *SEISMIC*

Chase Lake
National Wildlife Refuge

```
W  P  I  W  E  T  L  A  N  D  S  G  W  V  N
I  G  K  R  F  R  V  L  B  A  M  K  E  Y  Q
L  G  V  Q  C  Z  M  X  R  C  C  I  L  R  L
D  T  A  T  I  B  A  H  C  J  J  U  K  T  C
E  H  V  D  P  Z  D  U  D  C  L  K  C  N  O
R  U  F  B  O  A  M  L  U  Q  S  I  T  U  N
N  S  R  Y  U  B  W  L  C  H  Y  G  J  O  S
E  T  A  P  E  H  H  S  K  X  H  W  E  C  E
S  E  G  R  V  C  T  N  S  J  A  X  S  E  R
S  R  N  A  S  F  H  A  T  Z  F  L  C  L  V
A  G  I  I  O  Y  D  C  A  E  V  E  E  O  A
R  E  T  R  S  M  C  I  M  D  T  C  L  H  T
E  M  S  I  X  A  M  L  P  D  P  S  W  T  I
A  Y  E  E  B  H  F  E  S  E  N  L  B  O  O
N  A  N  I  S  F  S  P  Y  K  N  Z  O  P  N
```

CONSERVATION	DUCK STAMPS	EGRETS
HABITAT	IBA	MCCUMBER
NESTING	PELICANS	POTHOLE COUNTRY
PRAIRIE	WETLANDS	WILDERNESS AREA

Voyageurs National Park

```
P F V L P A U V V K M V Y N C
D E Y R A I N Y L A K E Q Q D
U I W U X B U N B A S S F O J
V F L N O T S R A M P M A C W
U M Q G A R R E T T C A B I N
F U J I T A C A B I N V G E N
O M J F T V T B R H S V P T N
J E G D O L D O O W D A E M G
I X S Y A W H G I H R E T A W
B J A C Q U E S D E N O Y O N
W I K D S B U E K Y T C O L C
E T A T S E L L O S R E G N I
F J K E T T L E F A L L S G M
Z R V I E D A R T R U F M N C
N I B A C N I V E L U S H K Z
```

CAMP MARSTON	FUJITA CABIN	FUR TRADE
GARRETT CABIN	INGERSOLL ESTATE	JACQUES DE NOYON
KETTLE FALLS	LEVIN CABIN	MEADWOOD LODGE
OJIBWE	RAINY LAKE	WATER HIGHWAYS

Superior National Forest

```
F U R T R A D E O T F E Z G O
Y S D M L M A P H K M U E N A
M U V A A U Q S A I R C G I N
N R O H E J I A L P P O Z G I
O F Y N R O G S O L T G X G D
Q A A O O B N S Y W I R P O W
O C G M B Y Q I E L F M F L F
Y E E E L Z S N J Y J O W A Z
N W U N X T N I L F N U G A Q
O A R Z J A O B E I X R F Y S
M T S Y C K G O E A L P O M F
Z E A O E C N I G L X Z A I D
L R O C O K R N D Y B W C A W
F L V U I O D E E W B I J O E
H Y Q G I T K D E A D X Z L E
```

ASSINIBOINE	BOREAL	BWCAW
CREE	FUR TRADE	GUNFLINT
LOGGING	MAHNOMEN	OJIBWE
SAWMILLS	SURFACE WATER	VOYAGEURS

Apostle Islands National Lakeshore

```
M Q Z L L H D I V I N G D G M
G D L Z Q M Q B U B N L Z F I
A N A U H D Q W M N A S U Y C
W A Y C M H E G D K T N Y K H
U L J Z P P H A E D Z O D F I
Q S J R L N B S V H E S C X G
U I Y A B E U Q O N Y N U F A
A D L F F P A X L N R E N I N
R N A L E E N F S H E K C S I
R A E R A P O G E R H O B O S
Y S I F M W V E V U S H K C L
T O L Y D Q E F A W I E T Z A
R P R Y Z U S H C G F Z O P N
I O S E S U O H T H G I L D D
E R S J P T X Y G Z R B Z P B
```

CAVES	DIVING	FISHERY
HOKENSONS	LAKE SUPERIOR	LIGHTHOUSES
MICHIGAN ISLAND	NOQUEBAY	QUARRY
SAND ISLAND	SEVONA	THE WALL

Isle Royale National Park

```
W  F  I  Q  S  K  C  E  R  W  P  I  H  S  F
G  M  Y  D  P  L  I  G  V  M  C  O  J  P  W
R  R  O  B  R  A  H  K  C  O  R  Y  M  P  M
E  D  J  X  O  M  K  C  E  Y  J  Y  T  E  H
A  X  H  S  Q  W  S  T  O  B  I  N  N  I  Q
T  R  J  J  P  T  Q  L  B  X  T  U  I  H  C
L  O  G  I  D  N  I  W  M  O  Q  U  O  C  V
A  E  U  J  T  K  K  P  D  R  V  J  P  I  K
K  F  G  X  T  K  F  D  U  W  S  W  E  R  E
E  Z  J  H  O  U  G  H  T  O  N  X  E  K  M
S  H  A  M  O  G  L  A  G  V  E  G  C  K  M
Y  O  G  U  Z  Q  T  M  D  Z  H  H  O  A  E
H  W  Y  Y  V  F  Z  C  C  K  C  I  L  L  R
F  G  M  S  Y  V  F  R  N  G  I  S  B  D  C
A  K  G  E  Q  H  K  N  C  T  L  K  Z  Q  M
```

ALGOMA	GREAT LAKES	HOUGHTON
KEMMER	LAKE RICHIE	LICHENS
LOCKE POINT	ROCK HARBOR	SHIPWRECKS
TOBIN	TODD	WINDIGO

Mississippi National River and Recreation Areas

Match the correct answer to each clue.

1. _____ Visit __ to watch reenactments of life along the Mississippi River for residents, travelers, and traders.

A. *WINCHELL TRAIL*

2. _____ Popular attraction also called *mnirara* or *owahmenah*.

B. *MINNEHAHA FALLS*

3. _____ Take a walk along this path, known for its beautiful fall foliage.

C. *RIVER OTTER*

4. _____ A popular spot for bird-watching.

D. *MISSISSIPPI RIVER*

5. _____ Regional park made famous by Henry Wadsworth Longfellow.

E. *FORT SNELLING*

6. _____ Location of one of the visitor centers for the MNRRA.

F. *TRAILS*

7. _____ The __ is North America's second-longest river.

G. *ST. ANTHONY FALLS*

8. _____ This species was near extinction but is finally returning to urban sections of the river.

H. *CHARLIE MAGUIRE*

9. _____ Songs written by __ share stories of the Mississippi River and its people.

I. *SCIENCE MUSEUM OF MINNESOTA*

10. _____ Visitors can see blue racers at the Grey Cloud Dunes Scientific and Natural Area, which has no established __.

J. *COON RAPIDS DAM*

Effigy Mounds
National Monument

```
B U R I A L S I T E W X F O L
U U C U K U V W L J J C R E K
I D J R B A A N L S V R Q X R
D N U O M L A C I N O C V P K
S E Y E K S E L R A H C Q X S
G R R O N O S I L L E N R F L
P W O O D L A N D P E R I O D
J P Q K A H X Q G E T W O L S
L Z Q D D E R C A S I T J J B
H A E R A S S E L T F I R D K
L S P R E S E R V A T I O N C
U D O L A N I M A L S H A P E
F I R E P O I N T T R A I L X
F G E H O Y R A E B T A E R G
P R E D L I U B D N U O M F O
```

ANIMAL SHAPE	BURIAL SITE	CHARLES KEYES
CONICAL MOUND	DRIFTLESS AREA	ELLISON ORR
FIRE POINT TRAIL	GREAT BEAR	MOUND BUILDER
PRESERVATION	SACRED	WOODLAND PERIOD

Indiana Dunes
National Park

```
C U G N K T G G Y R C Z C U X
V B L L E U B Y H T O R O D D
L I A R T E G D I R C U R Z P
W G W I U Q G Q O W C W L O V
G U C I W E T L A N D S L J I
C H E L L B E R G F A R M Q E
N S L A Q P O N M H S R A M B
H E R O N R O O K E R Y J P Q
K K U V B L A O U T X T X A K
L J P L A N G O B S E L W O C
O F R D K W E S T B E A C H M
D A E T S E M O H Y L L I A B
Y P A U L D O U G L A S W M G
L Y D L A B T N U O M J Y V B
Q R R I V E R W A L K R N Z N
```

BAILLY HOMESTEAD	CHELLBERG FARM	COWLES BOG
DOROTHY BUELL	HERON ROOKERY	MARSH
MOUNT BALDY	PAUL DOUGLAS	RIDGE TRAIL
RIVERWALK	WEST BEACH	WETLANDS

Cuyahoga Valley
National Park

```
V K J M P V G C T P K S Y V R
F E U O B A U F L Y V G F K L
O N O S X L X F Q I F E H I M
L D Y E B L L D D L Q I A V B
K A M S E E K I W F K R H L R
F L R G H Y Z V E Y T E T L A
E L A L T R D M K H Y I O I N
S Y F E F A V O T B C M D M D
T S E E V I R A S H S I N N Y
I W L S V L P W G O Q X A O W
V D A O O W F Y G M G I Y T I
A W H N O A N K J Q M R W S N
L M E T B Y C I V F N E H O E
S G N I H C T A W D R I B B I
N O I T A N E P A N E L U N U
```

BIRD-WATCHING	BOSTON MILL	BRANDYWINE
ERIE	FOLK FESTIVAL	HALE FARM
KENDALL	LENAPÉ NATION	MOSES GLEESON
TOWPATH TRAIL	VALLEY RAILWAY	WYANDOT

Answer Key

Acadia National Park

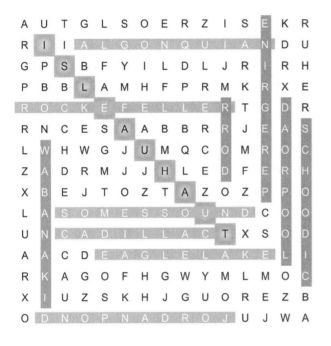

Boston Harbor Islands National Recreation Area

1. True
2. False
3. True
4. True
5. False
6. True
7. True
8. False
9. True
10. True

Cape Cod National Seashore

Weir Farm National Historic Site

Answer Key

Green Mountain National Forest

White Mountain National Forest

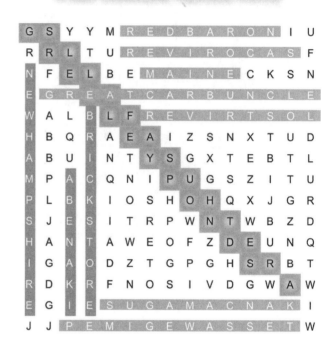

America's Top Ten National Parks

1. Great Smoky Mountains
2. Grand Canyon
3. Yosemite
4. Yellowstone
5. Rocky Mountain
6. Olympic
7. Zion
8. Grand Teton
9. Acadia
10. Glacier

Saratoga National Historical Park

Answer Key

Vanderbilt Mansion National Historic Site

Thomas Edison National Historical Park

Stonewall National Monument

Statue of Liberty National Monument

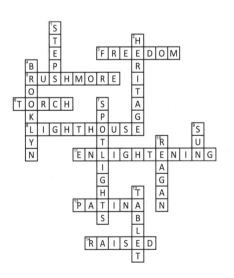

Answer Key

Fire Island National Seashore

Edgar Allan Poe National Historic Site

Independence National Historical Park

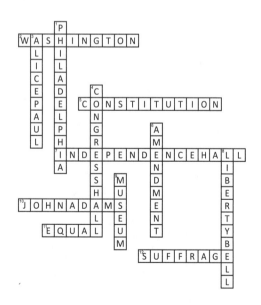

Valley Forge National Historical Park

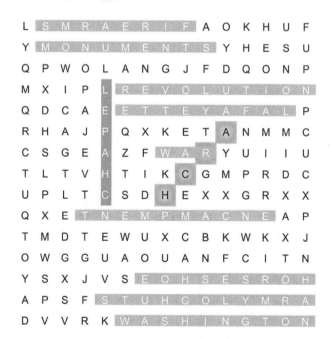

Answer Key

Gettysburg National Military Park

```
L N D S P H N B H E E T H J E
Q H X W G E E L L A R E N E G
D X H J Q S T R S U Y P O M E
K M L F W U D W E D F B Z F L
Z P Y C E O L D M T E G X E L
A V G E D H E A I O S B V I O
A C Z M A S I O N L S M R S C
R Q S E E L F R A S E A A E O
C O A T M L E L R X R T J N L
N Z N E Q I L I Y M D F C H I
Q W N R V W T A R V D B M O N
D A P Y G K T R I H A X I W C
W M S V V T A C D Y B M A E O
L W S P C B B N G E Z T R R L
W H J M A N H M E K L V R J N
```

Antietam National Battlefield

```
U W A T U V J D B Z G V S V P
A W U R X X F A K E E R C W G
K M D I D N Z O Z I V E P J R
S J U S K H N R U L C S M H U
Y H N Z N P J N E L E U E L B
O M K R X L T E A U M O D J S
N C E O Q O Q K J M E H I M P
R Q S R B V O D N N I T Y S D R
D L C E R K C U O N E R N H A
B E H R Y L N S S A R P R M H
I L U T I J W A K T Y X U S S
I R E O U T G C I U L B U U
N A C L J Z C B A O A H A P S
I N H E D O D I J N H E E W C
L D R E K O O H L A R E N E G
```

Harpers Ferry National Historical Park

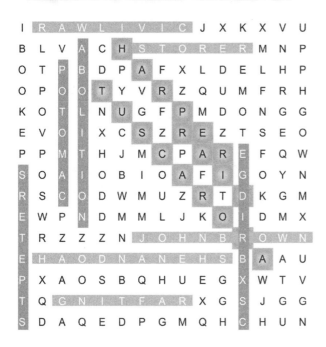

Shenandoah National Park

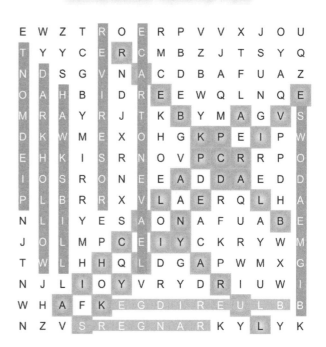

215

Answer Key

Manassas National Battlefield Park

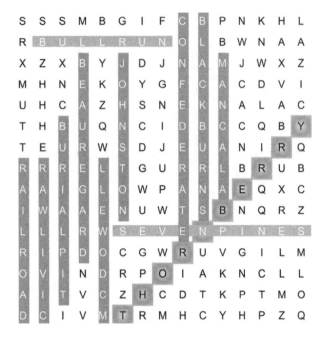

Washington, D. C. Monuments

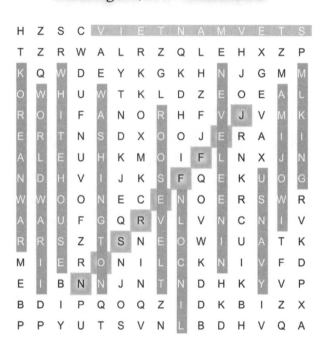

The White House

1. Roosevelt
2. Cleveland
3. Reagan
4. Clinton
5. Jefferson

Frederick Douglass National Historic Site

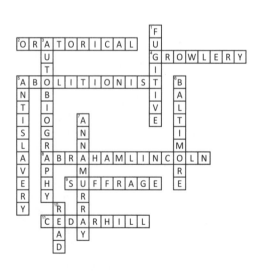

Answer Key

Fort Washington Park

```
H H A R M O N Y H A L L D A O
N T K Y Y A G Q B I P I N Z D
T A U L I G H T E I G H T Y E
B E D Q I H B H U M G B A O P
F L Y R E L L I T R A U O A R
Q N O T R U B R A W T R O F O
N I C H E N D I C O T T C C T
D D T D P M R S Q E M A J C B
I L O O H C S L A R E N E G Y
D Q C A M O T O P P K V A C D
A I Y V R Y R N O S A M N N K
R H I F S L U G O H M Y N J G
A P I W I Z B D M I C S M O R
S C A A W V W O K U K S B P T
E X A T B U T O O A L C T N W
```

George Washington Birthplace National Monument

```
C X W S K C O H Y L L O H Q X
U O B N F Z T E A T A B L E F
K K L T M M U Q K S I L E B O
U Z T O N K M G K V N B K G F
B K C O N N A H A P P A R Y W
S E O H N I W O V M X L R R F
W R X A L W A K E F I E L D H
M E M O R I A L H O U S E Z V
S O S S J Z Y D B P P U N L V
E O Y S T E R S H E L L S T A
A S C J L P L A N T A T I O N
A T O B A C C O M W R C W Y W
T C E B U H B T C W K Z H Y V
J G Y P O P E S C R E E K T V
B K C E N N R E H T R O N N T
```

Richmond National Battlefield Park

```
G G M A F Q F B O X T D O C T
Z Q N S N I S U O C L L E B W
H J N C V J D F J M O O R E V
M D S O X D S N D D T R U E C
M Z O M S N O S I R R A H F H
R S J M O I H H L I I G O O A
C O L D H A R B O R D R S D F
B G K N T A R P K V J N P M F
J Z G R A L U I Y P N Q I G I
Y C C E V L I H L B B T T G N
S V W V X B J F H R B M A W S
Q W A L K E R D Z R O I L L W
Y B V A V R O U X N R T L M O
C H I M B O R A Z O B L U F F
M C C L E L L A N X N B N D S
```

Petersburg National Battlefield

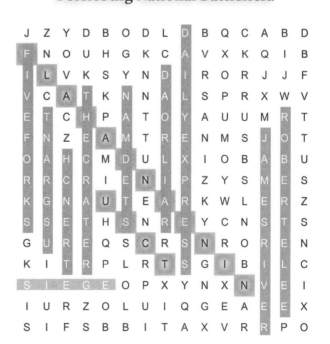

```
J Z Y D B O D L D B Q C A B D
F N O U H G K C A V X K Q I B
I L V K S Y N D I R O R J J F
V C A T K N N A L S P R X W V
E T C H P A T O Y A U U M R T
F N Z E A M T R E N M S J O T
O A H C M D U L X I O B A B U
R R C R I E N I P Z Y S M E S
K G N A U T E A R K W L E R Z
S S E T H S N R E Y C N S T S
G U R E Q S C R S N R O R E N
K I T R P L R T S G I B I L C
S I E G E O P X Y N X N V E I
I U R Z O L U I Q G E A E E X
S I F S B B I T A X V R R P O
```

Answer Key

National Battlefields and Military Parks

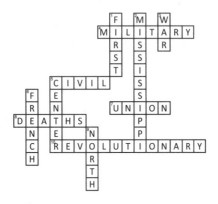

Appomattox Court House National Historical Park

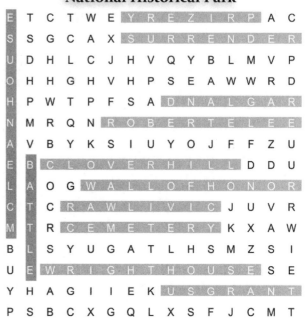

Gauley River National Recreation Area

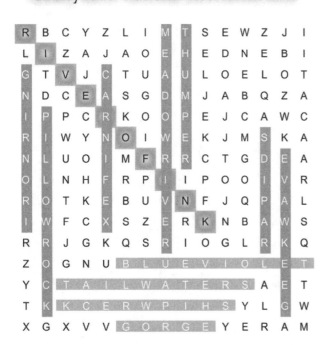

Monongahela National Forest

Answer Key

Fort Necessity National Battlefield

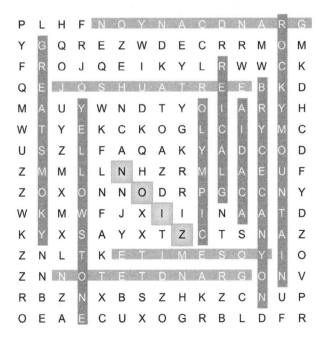

Women's Rights National Historical Park

Most-Visited National Parks

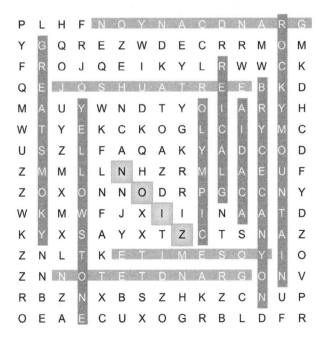

Harriet Tubman National Historical Park

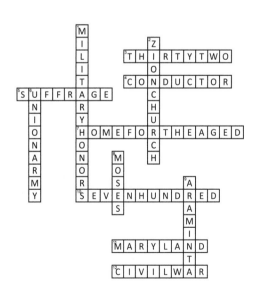

Answer Key

Wright Brothers National Memorial

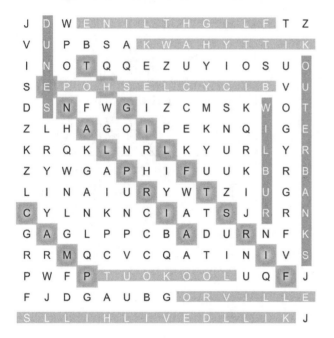

Cape Hatteras National Seashore

Congaree National Park

Ocmulgee Mounds National Historical Park

1. True
2. False
3. True
4. True
5. True
6. False
7. True
8. True
9. False
10. True

Answer Key

Cumberland Island National Seashore

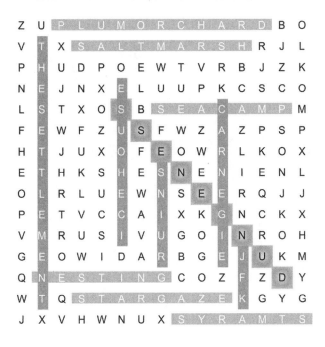

Canaveral National Seashore

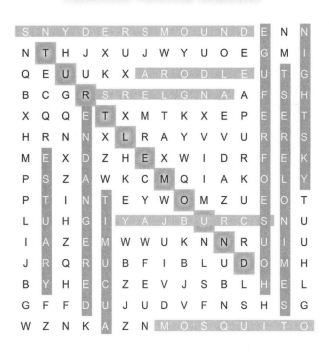

Biscayne National Park

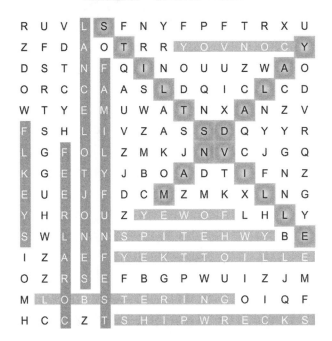

Everglades National Park

1. E
2. H
3. A
4. I
5. J
6. B
7. C
8. D
9. G
10. F

Answer Key

Dry Tortugas National Park

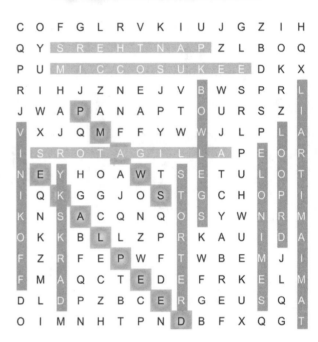

Big Cypress National Preserve

Selma to Montgomery National Historic Trail

New Orleans Jazz National Historical Park

Answer Key

Natchez National Historical Park

Vicksburg National Military Park

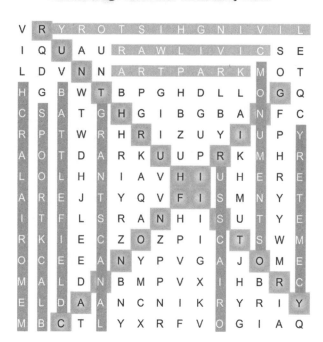

National Park Service

1. Act
2. National parks
3. Acre
4. Energy
5. Million
6. State
7. Visited
8. Yellowstone
9. White House
10. Arrowhead

Hot Springs National Park

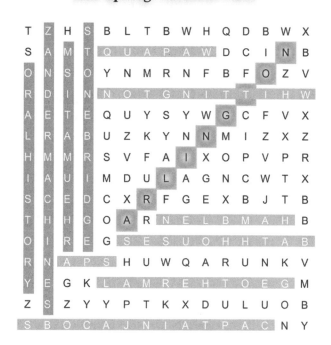

Answer Key

Ouachita National Forest

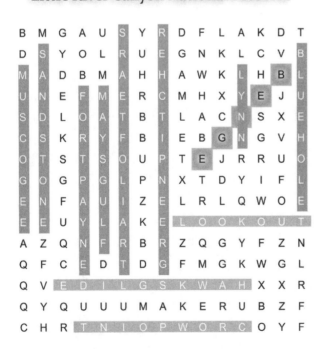

W A T E R F O W L I N J I L J
D A A M T Z K C O R E L G A E
S K T U Y F E I H T E S R O H
Z Q Z H N O K V U Y A O F A I
P C T R E D S L O U G H L G W
F I Q D E N O N T D H S F G A
B E A V E R S B E N D Z X W S
C I Y K S W G B U L O V I T H
K R I A T S G N I D N I W T I
J K X O Y E X T Q G U V Z I T
R W N A Y L Q D J Z F M U Q A
K E E R C H C E E B N O M F A
A W O M B L E M I Y K P R F X
Y U K V A F D T B V S U A K H
E Z S L M U T E R O B R A R T

Buffalo National River

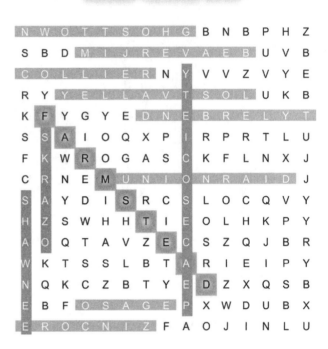

N W O T T S O H G B N B P H Z
S B D M I J R E V A E B U V B
C O L L I E R N Y V V Z V Y E
R Y Y E L L A V T S O L U K B
K F Y G Y E D N E B R E L Y T
S S A I O Q X P I R P R T L U
F K W R O G A S C K F L N X J
C R N E M U N I O N R A I D J
S A Y D I S R C S L O C Q V Y
H Z S W H H T I E O L H K P Y
A O Q T A V Z E C S Z Q J B R
W K T S S L B T A R I E I P Y
N Q K C Z B T Y E D Z X Q S B
E B F O S A G E P X W D U B X
E R O C N I Z F A O J I N L U

Little River Canyon National Preserve

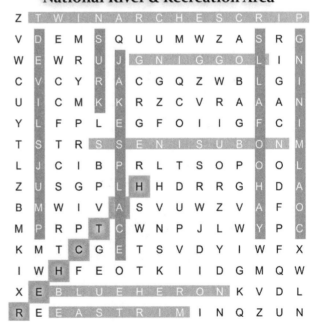

B M G A U S Y R D F L A K D T
D S Y O L R U E G N K L C V B
M A D B M A H H A W K L H B B
U N E F M E R C M H X Y E J U
S D L O A T B T L A C N S X E
C S K R Y F B I E B G N G V H
O T S T S O U P T E J R R U O
G O G P G L P N X T D Y I F L
E N F A U I Z E L R L Q W O E
E E U Y L A K E L O O K O U T
A Z Q N F R B R Z Q G Y F Z N
Q F C E D T D G F M G K W G L
Q V E D I L G S K W A H X X R
Q Y Q U U M A K E R U B Z F
C H R T N I O P W O R C O Y F

Big South Fork
National River & Recreation Area

Z T W I N A R C H E S C R I P
V D E M S Q U U M W Z A S R G
W E W R U J G N I G G O L I N
C V C Y R A C G Q Z W B L G I
U I C M K K R Z C V R A A A I
Y L F P L E G F O I I G F C I
T S T R S S E N I S U B O N M
L J C I B P R L T S O P O O L
Z U S G P L H H D R R G H D A
B M W I V A S V U W Z V A F O
M P R P T C W N P J L W Y P C
K M T C G E T S V D Y I W F X
I W H F E O T K I I D G M Q W
X E B L U E H E R O N K V D L
R E E A S T R I M I N Q Z U N

224

Answer Key

Great Smoky Mountains National Park

Great Smoky Mountains National Park Trivia

Blue Ridge Parkway

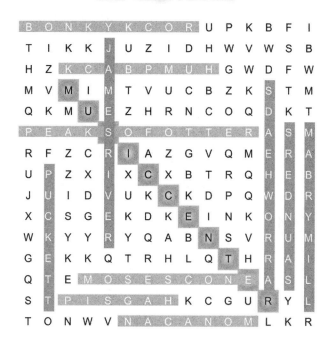

Cowpens National Battlefield

225

Answer Key

Wichita Mountains Wildlife Refuge

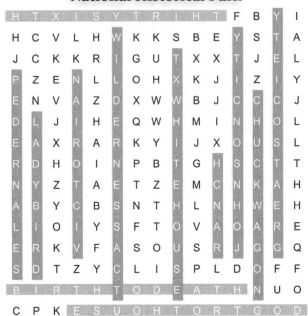

S R C U L Q D H T O S T D J G
Z O N H K Y Y K Q L I D K A F
T O O X S N I A L P T A E R G
S S I U P M H Q N R P M Z J H
L E T W R T I Y W K O Q P J A
H V C G A M E P R E S E R V E
R E N D I S Q J S O X E Q S K
C L I Y R W H U B I S O N C A
O T T B I F K Q A O U B Z O J
M J X C E P P P X H Y I Q T V
R S E H C N A M O C A V V T V
S V V G R E H A I R X D J L O
T P G R A S S L A N D S I O M
Q S C E H E I C D M H V Z B H
P B T C O S A I K V R K J M M

Lyndon B. Johnson National Historical Park

H T X I S Y T R I H T F B Y I
H C V L H W K K S B E Y S T A
J C K K R I G U T X X T J E L
P Z E N L L O H X K J I Z I Y
E N V A Z D X W B J C C C J
D L J I H E Q W H M I N H O L
E A X R A R K Y I J X O U L L
R D H O I N P B T G H S C T T
N Y Z T A E T Z E M C N K A H
A B Y C B S N T H L N H W E H
L I O I Y S F T O V A O A R E
E R K V F A S O U S R J G G Q
S D T Z Y C L I S P L D O F F
B I R T H T O D E A T H N U O
C P K E S U O H T R O T G O D

Padre Island National Seashore

M B C L O S E D B E A C H B Q
W P B E W P E R M I A N J M L
H Z P B R X G F B P C Z N A Y
A A S B R D N X V M A W B L L
K S T O L N A B E T S E N A S
P H J C I D R M K C Z X C Q H
W I M Q H C G Q A P Z M M U G
J P M A K L N S R N V X N I U
N W T P W H I A M S U V U T O
J R X B N T B N L H V G U E R
U E I A U Q M R G I I J A S O
W C Z L W F O X Y G O U P L B
E K R L H F B Y O W Q N Y A R
T S Z I O X I U V K A J U U A
H G N I H C N A R J P F S S Y

Rio Grande Wild and Scenic River

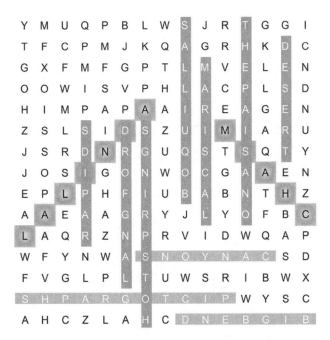

Y M U Q P B L W S J R T G G I
T F C P M J K Q A G R H K D C
G X F M F G P T L M V E L E N
O O W I S V P H L A C P L S D
H I M P A P A A I R E A G E N
Z S L S I D S Z U I M I A R U
J S R D N R G U Q S T S Q T Y
J O S I G O N W O C G A A E N
E P L P H F I U B A B N T H Z
A A E A A G R Y J L Y O F B C
L A Q R Z N P R V I D W Q A P
W F Y N W A S N O Y N A C S D
F V G L P L T U W S R I B W X
S H P A R G O T C I P W Y S C
A H C Z L A H C D N E B G I B

226

Answer Key

Big Bend National Park

1. F
2. A
3. D
4. B
5. D
6. D
7. C
8. F

Fort Davis National Historic Site

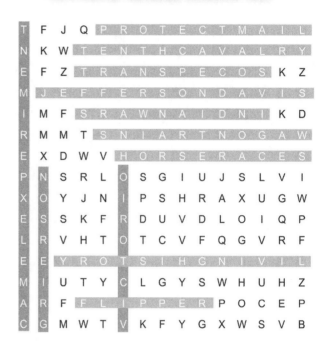

Carlsbad Caverns National Park

Guadalupe Mountains National Park

Answer Key

Pecos National Historical Park

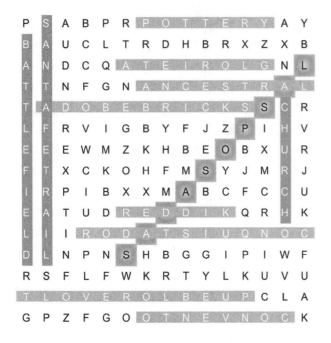

Cibola National Forest and National Grasslands

National Park Date Established Match-Up

1. **D**
2. **G**
3. **A**
4. **J**
5. **I**
6. **B**
7. **F**
8. **H**
9. **C**
10. **E**

White Sands National Park

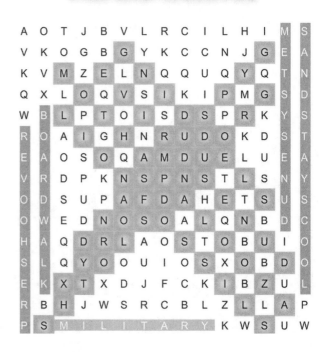

Answer Key

Chamizal National Memorial

Gila Cliff Dwellings National Monument

Tumácacori National Historical Park

Saguaro National Park

Answer Key

Presidential National Parks and Monuments

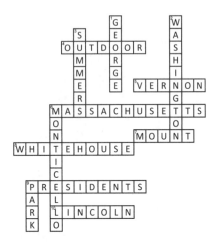

Tonto National Forest

Petrified Forest National Park

Tuzigoot National Monument

Answer Key

Walnut Canyon National Monument

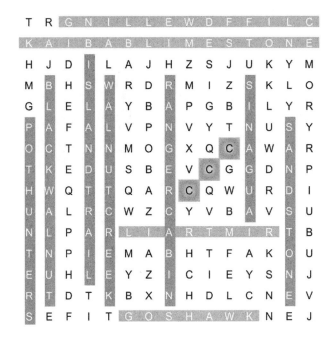

Grand Canyon National Park

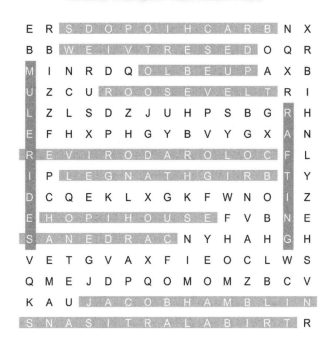

Grand Canyon National Park Trivia

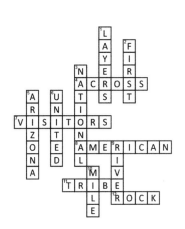

Zion National Park

Answer Key

Bryce Canyon National Park

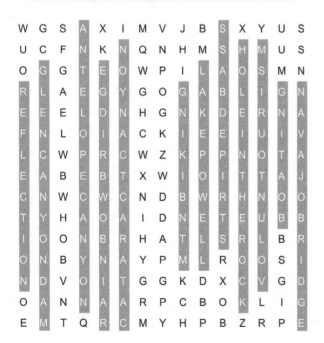

Capitol Reef National Park

Glen Canyon National Recreation Area

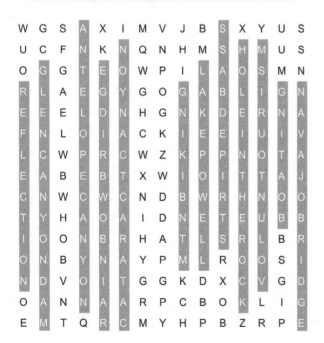

Monument Valley Tribal Park

Answer Key

Canyon de Chelly National Monument

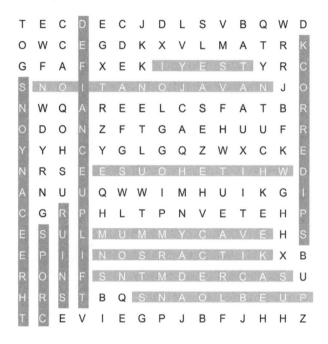

Aztec Ruins National Monument

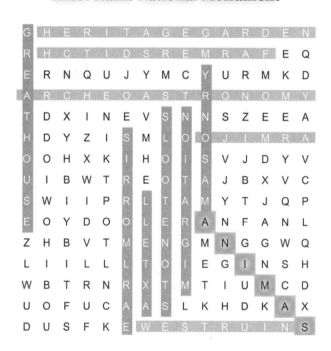

National Park Animals Match-Up

1. H
2. B
3. F
4. J
5. C
6. A
7. I
8. E
9. D
10. G

Mesa Verde National Park

Answer Key

Yucca House National Monument

```
L C K U N E X C A V A T E D U U
F S A M U Z E T N O M U E T Y
O P X N Z N J G H T P F E Y L
L A F U P P E R H O U S E C L
T G X W L V A N K L E E C K U
T Z Z Z A O G R Q F B Y G Q R
J W O O D R O W W I L S O N J
S S R D K Q P C O M O F T A W
L E A F M E S A V E R D E V E
L C L V Y K A L I L U E O A D
L J Z R I L K T V W I I K J Y
N M P G W K U D A W N O R O W
M H K M K O V P F K S N Z Y K
B R S G N I R P S C E T Z A I
T I L X Z E T R O C J H W J J
```

Canyonlands National Park

Arches National Park

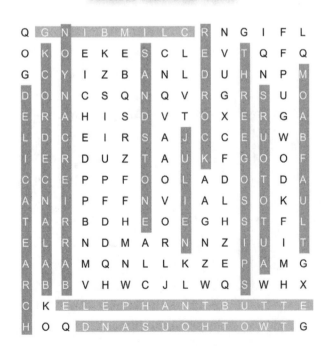

Colorado National Monument

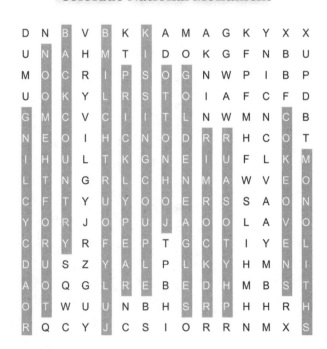

234

Answer Key

Black Canyon of the Gunnison National Park

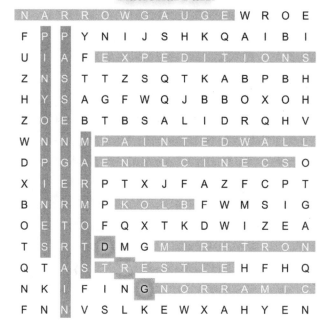

Curecanti National Recreation Area

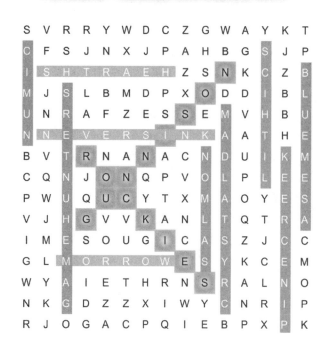

Great Sand Dunes National Park & Preserve

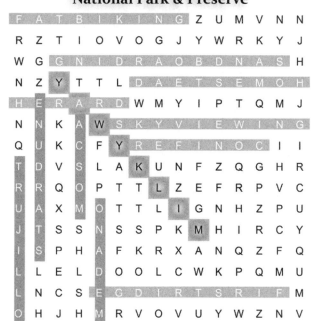

White River National Forest

Answer Key

Arapaho & Roosevelt National Forests

1. **D**
2. **A**
3. **J**
4. **B**
5. **H**
6. **C**
7. **I**
8. **G**
9. **F**
10. **E**

Rocky Mountain National Park

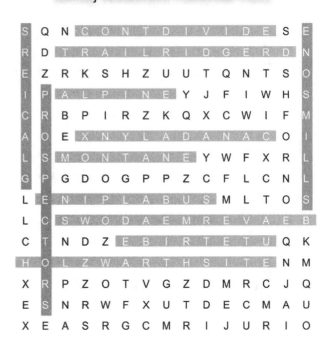

Bent's Old Fort National Historic Site

Great Basin National Park

Answer Key

Lake Mead National Recreation Area

M	S	X	Y	P	H	Q	Y	Y	W	N	L	Q	B	O
S	R	A	I	N	B	O	W	T	R	O	U	T	T	P
O	R	L	A	K	E	M	O	H	A	V	E	K	H	H
S	T	Z	D	N	O	Y	N	A	C	T	O	L	S	T
O	T	H	O	O	V	E	R	D	A	M	R	V	N	D
U	S	C	O	L	O	R	A	D	O	R	I	V	E	R
N	S	C	M	V	E	Z	M	D	R	S	K	D	D	Q
D	L	I	A	R	T	D	A	O	R	L	I	A	R	J
C	S	W	A	T	E	R	S	K	I	I	N	G	E	D
L	L	K	M	R	M	X	I	O	H	C	W	C	Y	Y
A	G	D	Z	B	T	W	E	N	T	Y	N	I	N	E
P	S	A	L	U	T	N	A	R	A	T	G	A	W	D
E	J	F	S	E	P	Y	N	L	Q	D	Q	A	A	P
S	A	M	O	H	T	T	S	A	U	P	F	H	Q	C
T	E	L	B	I	B	N	A	L	A	D	I	O	D	G

Havasu National Wildlife Refuge

Joshua Tree National Park

Mojave National Preserve

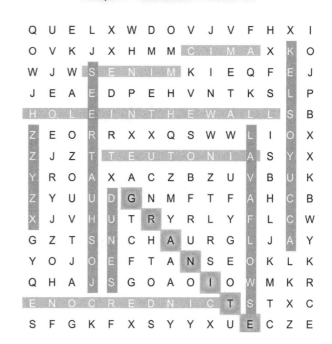

Answer Key

Channel Islands National Park

Pinnacles National Park

Eugene O'Neill National Historic Site

Golden Gate National Recreation Area

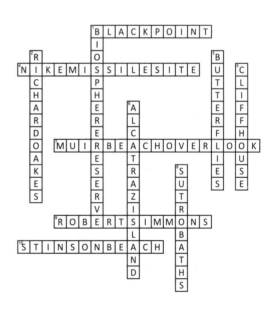

Answer Key

John Muir National Historic Site

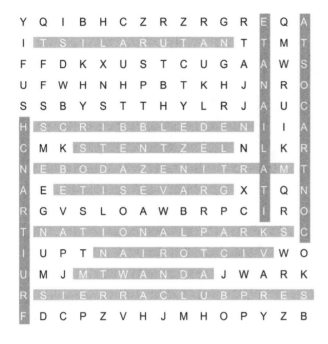

Urban National Parks and Monuments

Redwood National Park

1. False
2. True
3. True
4. False
5. True
6. True
7. False
8. True
9. True
10. True

Lassen Volcanic National Park

Answer Key

Eldorado National Forest

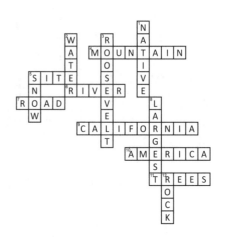

Eldorado National Forest word search grid:

```
W I N D S U R F I N G O T Y F
R G M O K E L U M N E R Z D S
I K G A I R E E E F A I S C A
V I D N M G O B E V X R R V D
P K J N I L A Y E C C Z E S A
V L N R X H Q R C S G X W E E
P A E O F D S R U P L Q O L E
I J X M I E F I X Z A C L P N
Y G J W C T T M F X C L F A A
D V A R U N A A Q F I I D C R
Q L E J I B U L Q B A K L Y R
X E M P S F C E O G L D I U E
K B L E Z Z C X S S N Z W C I
S Z D F Q I Z U Y B E R I K S
V W K Y G N I R A E B D L O G
```

Yosemite National Park

Crossword answers:

- 1 (down): NATIVE
- 2 (down): WATER
- 3 (down): ROOSEVELT
- Across: MOUNTAIN
- 5 (across): SITE
- 6 (across): RIVER
- 7 (across): ROAD
- 8 (down): LAGS / ROCK
- 9 (across): CALIFORNIA
- 10 (across): AMERICA
- 11 (across): TREES

Sierra National Forest

```
U W D F L U F H P C W U N Q L
C S S J J M L E A I C V E D E
C H V O Y O O A N C O L C W W
F E V H A L R N S P N O T H I
J K D N M C A U E E Q A S I S
X A I M T C N W L E R I E T C
E L C U S X C D A C B R R E R
Q S M I J E E Y D O V E C W E
O S H R N R J T A N Y H C A E
O A K R G H R B M I L C I T K
X B G R Y C T H S F W N F E S
J T O X E O E P G E Z A I R J
D V E D I S O N V R O R C K U
E Q F H N G U Q H S P V A X L
R N T N I O P K C A L B P X H
```

Kings Canyon National Park

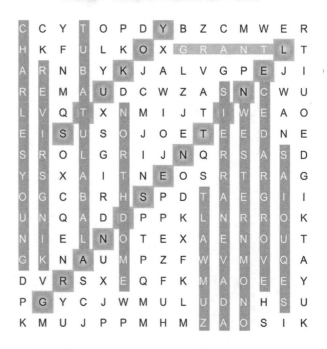

```
C C Y T O P D Y B Z C M W E R
H K F U L K O X G R A N T L T
A R N B Y K J A L V G P E J I
R E M A U D C W Z A S N C W U
L V Q T X N M I J T I W E A O
E I S U S O J O E T E E D N E
S R O L G R I J N Q R S A S D
Y S X A I T N E O S R T R A G
O G C B R H S P D T A E G I K
U N Q A D D P P K L N R R O K
N I E L N O T E X A E N O U T
G K N A U M P Z F W V M V Q A
D V R S X E Q F K M A O E E Y
P G Y C J W M U L U D N H S U
K M U J P P M H M Z A O S I K
```

240

Answer Key

Sequoia National Park

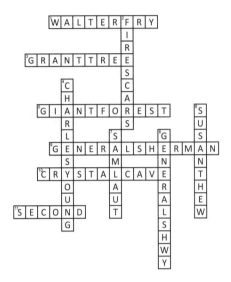

César E. Chávez National Monument

Death Valley National Park

Manzanar National Historic Site

Answer Key

Inyo National Forest

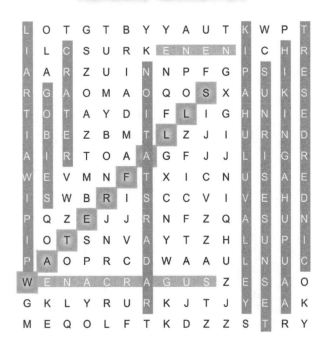

Hawai'i Volcanoes National Park

Haleakalā National Park

Kalaupapa National Historical Park

Answer Key

Pearl Harbor National Memorial

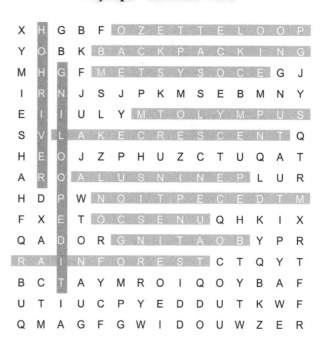

Olympic National Park

National Historical Parks

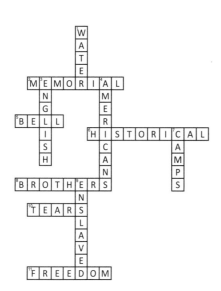

North Cascades National Park

Answer Key

Mt. Baker-Snoqualmie National Forest

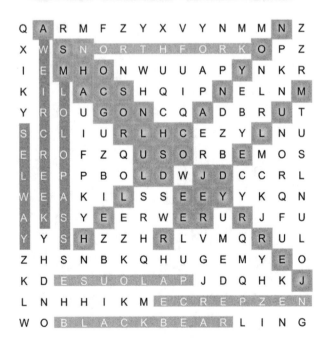

Glacier National Park

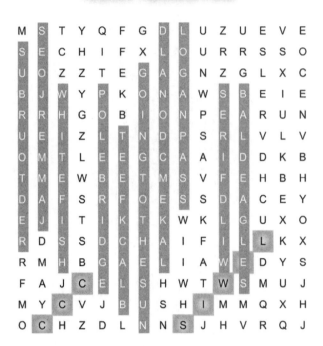

Nez Perce-Clearwater National Forests

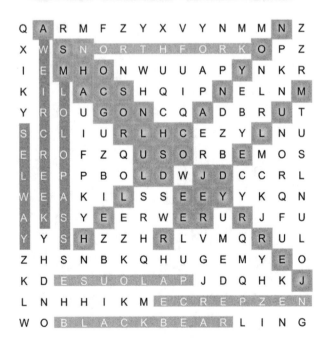

Beaverhead-Deerlodge National Forest

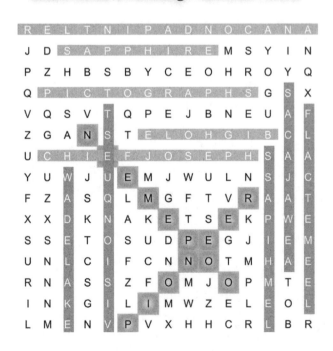

Answer Key

Yellowstone National Park

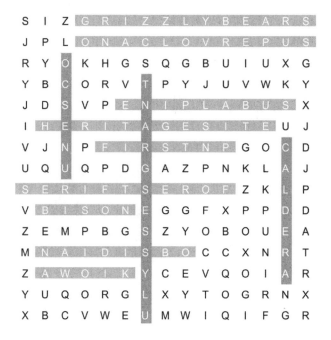

Ulysses S. Grant and Theodore Roosevelt

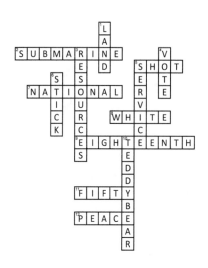

Animals of Yellowstone National Park

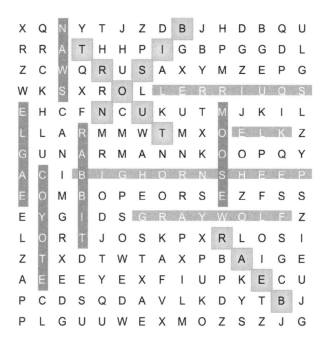

Hayden Expedition

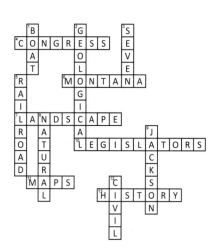

Answer Key

Yellowstone National Park Trivia

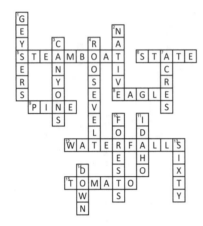

Grand Teton National Park

Little Bighorn Battlefield National Monument

Fort Laramie National Historic Site

246

Answer Key

National Parks Outdoors Sudoku

SPRING

S	P	R	N	I	G
I	G	N	S	R	P
P	S	I	G	N	R
R	N	G	P	S	I
N	R	P	I	G	S
G	I	S	R	P	N

LAND

L	A	D	N
N	D	L	A
A	L	N	D
D	N	A	L

NATURE

N	A	T	U	R	E
R	U	E	N	A	T
E	N	U	A	T	R
A	T	R	E	U	N
U	R	N	T	E	A
T	E	A	R	N	U

FOREST

F	O	R	E	S	T
S	E	T	F	O	R
T	F	E	O	R	S
O	R	S	T	E	F
E	S	F	R	T	O
R	T	O	S	F	E

Craters of the Moon National Monument

Sawtooth National Forest

Oregon National Historic Trail

247

Answer Key

Nez Perce National Historical Park

Crater Lake National Park

National Parks Dos and Don'ts

1. False
2. True
3. False
4. False
5. True
6. False
7. True
8. True
9. True
10. False

Oregon Islands National Wildlife Refuge

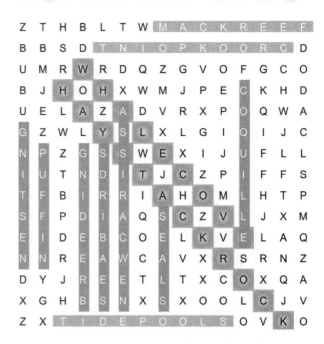

248

Answer Key

Siuslaw National Forest

```
W Q E P M D O N U Q X K J K F
L R T N F Q R N A A K M H E L
V V Y K S F B I P J W G A E T
A S J E C K E E R C K C O R S
U N A E E S H A C M E X C N
T I I R S B K S V H O C B T Z
E M D C C F U A T R J U K E R R
P M N T A M U X L H Z R L E R
R U I F D K A N V D L P K W N
E C V I E T D Q V A N S O S S
P N D R H Y Y B P L S A V G B
X D T D E M O L P S E K S M Q
E Y N K A J D I T E N T F U O
N H R L D G D Q P A U I Y D K
X K A E P S Y R A M D S G D A
```

Mount Hood National Forest

```
L P M A P L J O Z W P F E E U
T W O Z H J B G A Z G I Z T B
T I E I L L A L O H G Y F U C
L R Y G D D B U R N T L A K E
N G O K E E R C R E G D A B I
W Z K K G K Q I Z F D V A W E
P X C L M I A A T N N E G S N
I Y R R E B E L K C U H R A I
M N U U K C Z N Y R M I R T L
R E P M A C V O G H W U R Y R
G N J P L X I Y C N T O H F E
F M G M T G O N A C L O V P B
C L W B S S A L M O N F M A M
C W X W O V U M C R U A H I I
B R F W D R W O L R A B S T
```

Lewis and Clark National Historical Park

```
F O R T T O S E A G O V N R B
U B Y T L H D J K D N S G E M
V B M W B H L C Y Z C R C E V
N H E G G N G Y R H O P L N S
G Y S O N U I U A H L M A X
W L K I I G F L U C U A T C A
A E R T D K A K T T M C S T A
P L O O N C Q O S I B N O M F
A P W R A O V O E N I O P E A
Z R T F L L L M N L A I K N O
S V L L L T T A A A R T K T J
Q A A U U N I L D M I A E Q V
B T S X T I G L N S V T P S D
C V L Q E L Y I A I E S O V A
W T O J N F W T M D R E S H B
```

Mount Rainier National Park

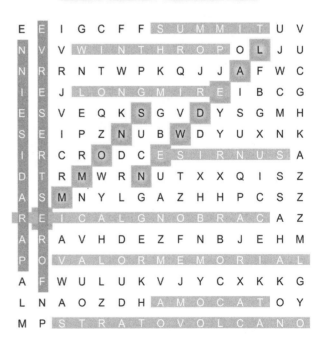

```
E E I G C F F S U M M I T U V
N V V W I N T H R O P O L J U
N R R N T W P K Q J J A F W C
I E J L O N G M I R E I B C G
E S V E Q K S G V D Y S G M H
S E I P Z N U B W D Y U X N K
I R C R O D C E S I R N U S A
D T R M W R N U T X X Q I S Z
A S M N Y L G A Z H H P C S Z
R E I C A L G N O B R A C A Z
A R A V H D E Z F N B J E H M
P O V A L O R M E M O R I A L
A F W U L U K V J Y C X K K G
L N A O Z D H A M O C A T O Y
M P S T R A T O V O L C A N O
```

Answer Key

Tongass National Forest

Klondike Gold Rush National Historical Park

Glacier Bay National Park & Preserve

1. D
2. E
3. A
4. E
5. B
6. D
7. B
8. A

Wrangell-St. Elias National Park & Preserve

Answer Key

Denali National Park & Preserve

Gates of the Arctic National Park & Preserve

Kobuk Valley National Park

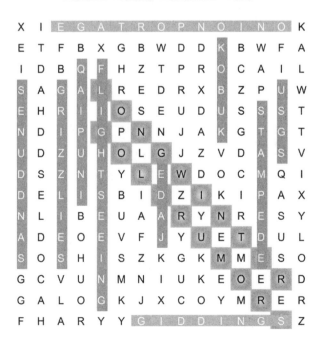

National Park Land Formations Match-Up

1. G
2. D
3. A
4. J
5. B
6. I
7. E
8. F
9. H
10. C

Answer Key

Katmai National Park & Preserve

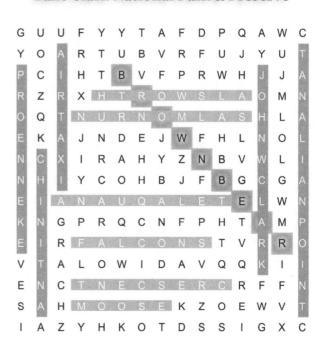

Lake Clark National Park & Preserve

Chugach National Forest

Kenai Fjords National Park

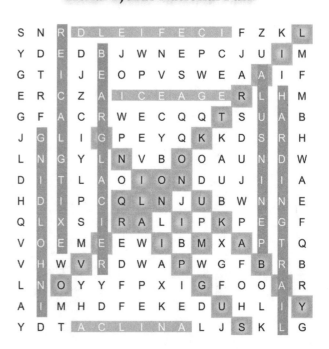

Answer Key

First Ladies National Historic Site

1. False
2. True
3. True
4. False
5. True
6. True
7. False
8. False
9. True
10. True

Camp Nelson National Monument

Mammoth Cave National Park

Crab Orchard National Wildlife Refuge

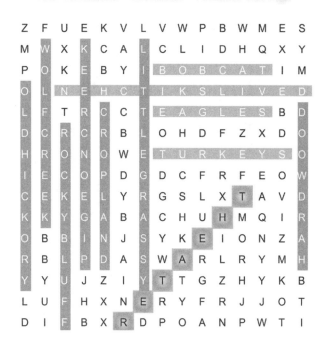

Answer Key

Lincoln Home National Historic Site

```
R S R U O T L A U T R I V G I
S E P N L O C N I L E I D D E
T N L O C N I L T R E B O R Z
E E Z G U R H W L L X O F K G
V N L O C N I L M A H A R B A
K Q L A V I V E R K E E R G C
F R E E A D M I S S I O N S F
S N E E B M O T N L O C N I L
B E C O X X K P K M E U E I M
J T V P K P E M Z R V F C T G
C A M P A I G N M T C L S F I
G N Z J U G Y C N N J Z E K H
W E O I D L O N R A Y K G G W
T S V S L R M S Z U E E S X Q
H M W K J G O X A H V D Q B W
```

Gateway Arch National Park

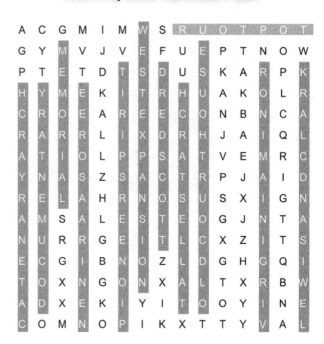

National Parks Adventure Sudoku

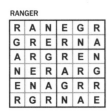

RANGER

R	A	N	E	G	R
G	R	E	R	N	A
A	R	G	R	E	N
N	E	R	A	R	G
E	N	A	G	R	R
R	G	R	N	A	E

WILD

D	L	W	I
I	W	D	L
L	D	I	W
W	I	L	D

HIKE

H	I	E	K
K	E	H	I
I	H	K	E
E	K	I	H

TRAILS

T	R	A	L	L	S
I	S	L	T	A	R
R	T	I	S	L	A
A	L	S	R	T	I
L	A	R	I	S	T
S	I	T	A	R	L

Ozark National Scenic Riverways

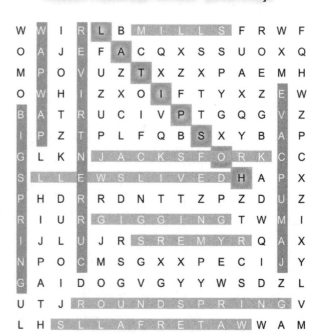

254

Answer Key

Mark Twain National Forest

Big Muddy National Fish and Wildlife Refuge

Tallgrass Prairie National Preserve

Homestead National Monument of America

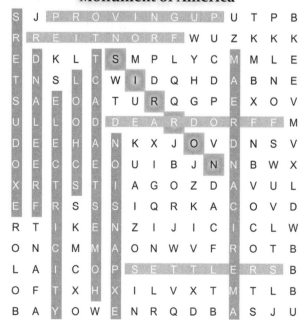

Answer Key

National Park Junior Rangers

1. Explore
2. Learn
3. Protect
4. Sing
5. Activities
6. Share
7. Play outside

DeSoto National Wildlife Refuge

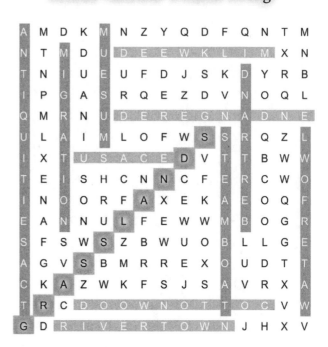

Missouri National Recreational River

Scotts Bluff National Monument

Answer Key

National Parks Sudoku

PARK

P	A	R	K
R	K	P	A
K	R	A	P
A	P	K	R

WONDER

O	E	N	R	D	W
R	W	D	N	E	O
D	O	W	E	R	N
N	R	E	W	O	D
E	N	O	D	W	R
W	D	R	O	N	E

DISCOVER

D	E	S	R	I	C	O	V
O	I	V	C	S	D	E	R
C	R	E	S	D	I	V	O
I	V	O	D	C	S	R	E
V	O	D	I	E	R	S	C
S	C	R	E	O	V	D	I
R	S	I	O	V	E	C	D
E	D	C	V	R	O	I	S

Wind Cave National Park

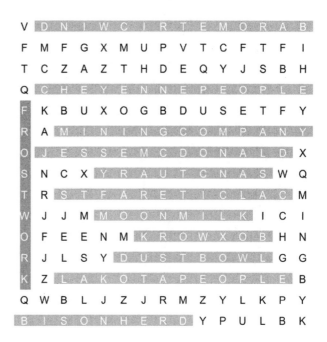

Mount Rushmore National Memorial

Badlands National Park

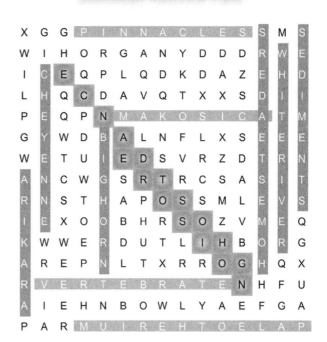

257

Answer Key

Theodore Roosevelt National Park

Theodore Roosevelt Nature & History Association

Get to Know the Earth

1. G
2. C
3. A
4. F
5. B
6. H
7. E
8. D

Chase Lake National Wildlife Refuge

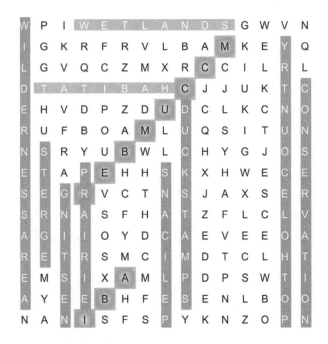

Answer Key

Voyageurs National Park

```
P F V L P A U V V K M V Y N C
D E Y R A I N Y L A K E Q Q D
U I W U X B U N B A S S F O J
V F L N O T S R A M P M A C W
U M Q G A R R E T T C A B I N
F U J I T A C A B I N V G E N
O M J F T V T B R H S V P T N
J E G D O L D O O W D A E M G
I X S Y A W H G I H R E T A W
B J A C Q U E S D E N O Y O N
W I K D S B U E K Y T C O L C
E T A T S E L L O S R E G N I
F J K E T T L E F A L L S G M
Z R V I E D A R T R U F M N C
N I B A C N I V E L U S H K Z
```

Superior National Forest

```
F U R T R A D E O T F E Z G O
Y S D M L M A P H K M U E N A
M U V A A U Q S A I R C G I N
N R O H E J I A L P P O Z G I
O F Y N R O G S O L T G X G D
Q A A O B N S Y W I R P O W
Y E E L Z S N J Y J O W A Z
N W U N X T N I L F N U G A Q
O A R Z J A O B E I X R F Y S
M T S Y C K G O E A L P O M F
Z E A O E C N I G L X Z A I D
L R O C O K R N D Y B W C A W
F L V U I O D E E W B I J O E
H Y Q G I T K D E A D X Z L E
```

Apostle Islands National Lakeshore

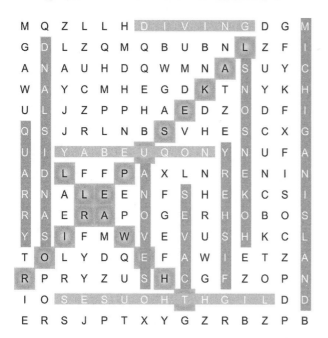

```
M Q Z L L H D I V I N G D G M
G D L Z Q M Q B U B N L Z F I
A N A U H D Q W M N A S U Y C
W A Y C M H E G D K T N Y K H
U L J Z P P H A E D Z O D F I
Q S J R L N B S V H E S C X G
U I Y A B E U Q O O N Y N U F A
A D L F F P A X L N R E N I N
R N A L E E N F S H E K C S I
R A E R A P O G E R H O B O S
Y S I F M W V E V U S H K C L
T O L Y D Q E F A W I E T Z A
R P R Y Z U S H C G F Z O P B
I O S E S U O H T H G I L D D
E R S J P T X Y G Z R B Z P B
```

Isle Royale National Park

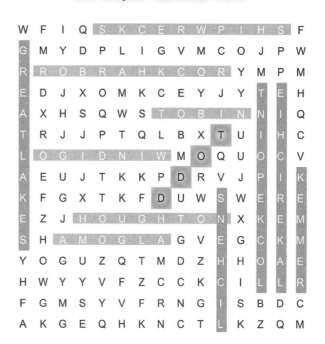

```
W F I Q S K C E R W P I H S F
G M Y D P L I G V M C O J P W
R R O B R A H K C O R Y M P M
E D J X O M K C E Y J Y T E H
A X H S Q W S T O B I N N I Q
T R J J P T Q L B X T U I H C
L O G I D N I W M O Q U O C V
A E U J T K K P D R V J P I K
K F G X T K F D U W S W E R E
E Z J H O U G H T O N X K E M
S H A M O G L A G V E G C K M
Y O G U Z Q T M D Z H H O A E
H W Y Y V F Z C C K C I L L R
F G M S Y V F R N G I S B D C
A K G E Q H K N C T L K Z Q M
```

Answer Key

Mississippi National River and Recreation Areas

1. E
2. G
3. A
4. J
5. B
6. I
7. D
8. C
9. H
10. F

Effigy Mounds National Monument

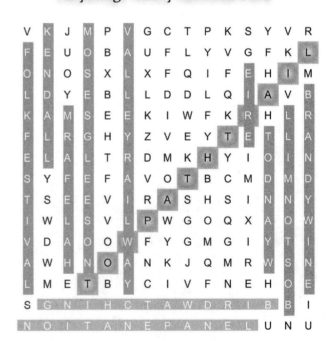

Indiana Dunes National Park

Cuyahoga Valley National Park